大学1年生のための

伝わる

HOW TO WRITE A GOOD REPORT

レポートの書き方

都筑 学・著

まえがき

 大学生にレポートはつきものだ。一度もレポートを書かずに卒業する学生は，まずいないだろう。

 私も，学生時代に何本かのレポートを書いた。当時は，手書きするしかなかった。大学にコピー機もなかったので，手元には残っていない。どんなレポートを書いたかも覚えていない。

 学生時代に，レポートの書き方を教わったという記憶もない。図書館で本や資料を借りたりして，自己流に書いたりしたのだろう。そうやって，何とか仕上げていたのだと思う。

 今は，授業で，レポートの書き方を教える大学も珍しくない。学生にとっては，大変よい時代になったものだ。

 インターネットで検索すると，「レポートの書き方」の本は，百数十冊も出てくる。大学生全般を対象にしたものもある。特定の学問分野の学生向けのものもある。そうした本を読みながら，レポートを書く学生も大勢いることだろう。

 本書は，そうした類書の一員に新たに加わるものである。目次を見てもらうとわかるように，3部構成になっている。第1部は，調べる。第2部は，考える。第3部は，書いて伝える，である。順々にたどれば，レポートは完成。もしそうであれば，こんな楽なことはない。レポートは，三段跳びではない。ホップ・ステップ・ジャンプとは行かないのである。調べる，考える，書いて伝える，の3つの段階。それらを行きつ戻りつ，進むことになる。そんなふうにして，レポートの中身が充実したものになっていくのだ。

 レポートを書く動機はさまざまだと思う。どうせ書くならば，

i

嫌々ではなく，楽しく書きたい。そんなふうに行きたいものだ。本書には，そういう気持ちが込められている。

本書が対象としているのは，初めてレポートを書こうとしている人だ。課題を出されたものの，どこからどんなふうに取り組めばよいか見当もつかない。そんなふうに思っている人には，是非読んでもらいたい。各章の最後には，ポイントがまとめられている。それに目を通してから本文を読んでもらうと，理解が深まると思う。

レポートを書いたことがあるが，どうも不満である。そんなふうに感じている人にも，本書を薦めたい。3つの段階のどこかに不十分さがあるようだ。自分なりに，何となく感じている人は，気になるところから読んでもらえればいい。自分なりに納得がいく箇所があれば，参考にしてもらいたい。

書くという行為は，自分との対話である。伝えたいという自分の意図を自覚する。それを書き言葉として表現していく。どうやったら，周囲の人にわかってもらえるか。どうしたら，興味深く読んでもらえるか。そういうことを自問自答しながらレポートを書いていく。それが，とても大事なことなのである。そういうプロセスを経て，書くという行為は上達していく。

話し言葉は，録音しなければ，その場で消えていく。書き言葉は，文字として残っていく。「文は人なり」と言われる。どういう文章を書くかは，その人自身を表すのだ。

文章を書くということは，一生ついて回るものである。大学生活で培った書く力は，卒業後も大いに役に立つ。本書を参考にして，楽しみながらレポートを書いてもらいたい。それを通じて，書く力を身につけてほしい。本書を通じて，書くことの楽しさを感じる学生が増えていく。それは私にとって，何よりの喜びである。

○著者紹介

都筑　学（つづき　まなぶ）

1951 年 東京都生まれ
1975 年 東京教育大学教育学部卒業
1977 年 東京教育大学大学院教育学研究科修士課程修了
1981 年 筑波大学大学院心理学研究科博士課程単位取得退学
1997 年 博士（教育学）中央大学

現　　在　中央大学名誉教授

専　　門　発達心理学，青少年の時間的展望の発達

主要著作

『心理学論文の読み方――学問の世界を旅する』（有斐閣，2022 年）
『問いからはじまる心理学』（福村出版，2022 年，全 3 巻）
『自立って何だろう――社会と子どもたち』（新日本出版社，2021 年）
『高校生の進路選択と時間的展望――縦断的調査にもとづく検討』（ナカニシヤ出版，2014 年）
『今を生きる若者の人間的成長』（中央大学出版部，2011 年）
『中学校から高校への学校移行と時間的展望――縦断的調査にもとづく検討』（ナカニシヤ出版，2009 年）
『小学校から中学校への学校移行と時間的展望――縦断的調査にもとづく検討』（ナカニシヤ出版，2008 年）
『大学生の進路選択と時間的展望――縦断的調査にもとづく検討』（ナカニシヤ出版，2007 年）
『心理学論文の書き方――おいしい論文のレシピ』（有斐閣，2006 年）
『あたたかな気持ちのあるところ――いま，希望について』（PHP 研究所，2006 年）
『希望の心理学』（ミネルヴァ書房，2004 年）
『大学生の時間的展望――構造モデルの心理学的検討』（中央大学出版部，1999 年）

■目　次

まえがき　i

序　章　レポートを楽しんで書くコツ … 1
なぜレポート・レジュメを書くのか　2　　課題の意味を捉え直す　4　　読み手を想像して書く　6　　レポートを書くということ　8

第1部　調べる——Input

第1章　知的好奇心をもつ … 12
疑問を大切にする　12　　何事にも興味関心をもつ　14　　学問分野にとらわれず貪欲に学ぶ　16　　セレンディピティ　18　　耳学問　20　　メモを取る　22

第2章　批判的なまなざしを養う … 26
真理とは何か　26　　常識を疑う　28　　ウラを取る　31　　審美眼を鍛える　33　　批判的思考　36　　相対化してみる　38

第3章　徹底的に調べる … 42
調べることの大切さ　42　　調べまくる・集めまくる　44　　情報を取捨選択する　46　　インプットなくしてアウトプットなし　49　　丈夫な野菜づくりは土づくりから始まる　51　　ネット検索を活用する　54

第2部　考える——Construct

第4章　コンセプトを明確にする　……60
頭の中を整理してみる　60　　伝えたいことを明確化する　63　　概念の定義を大切にする　65　　セールスポイント　67　　タイトルに明示する　69　　自分の頭で考える　71

第5章　柱立てをつくる　……75
話の筋立てを考える　75　　プロットをつくる　77　　プロットをつくったら寝かしておく　79　　プロットと材料を見比べる　81　　具体例を入れる　83　　プラニング　86

第6章　論理の一貫性を大事にする　……89
全体と部分の関係性を意識する　89　　論理的なつながりが大切　91　　原因と結果——要因・影響　93　　先行研究を頼りにする　95　　論理の飛躍に気をつける　97　　レビュー論文　99

第3部　書いて伝える——Output

第7章　厚みのある文章を書く　……104
丁寧に説明する　104　　自分で内容をわかっているか確認してみる　106　　分厚く書く　108　　縦横を意識して書く——時間軸と空間軸　110　　情報を集めて書く　112　　推敲しながら書く　114

第8章　科学の世界の文章作法を知る …………118
　　人の文章を盗まない　118　　引用と無断借用　120　　自分の感情を挟まない　122　　明晰な説明を心がける　124　　一文一義を心がける　126　　一段落に一つのことを書く　128

第9章　効果的に伝える・見せる …………131
　　ワープロに騙されない　131　　図表を効果的に使う　133　　写真やイラスト　138　　体裁を工夫する　139　　構成を考える　141　　アウトライン機能を利用する　143

終　章　書くことの楽しさを身につける …………147
　　自分でテーマを見つけて書いてみよう　147　　書き終えるまでのスケジュールを立ててみる　149　　書いたレポートをブラッシュアップさせよう　151　　レポートを書く頭をつくろう　153

　あとがき　157
　索　引　159

（イラスト：ひのあゆみ）

本書のコピー，スキャン，デジタル化等の無断複製は著作権法上での例外を除き禁じられています。本書を代行業者等の第三者に依頼してスキャンやデジタル化することは，たとえ個人や家庭内での利用でも著作権法違反です。

序章 レポートを楽しんで書くコツ

　大学教師になって，30年以上になる。これまでたくさんのレポートを読んできた。レジュメの発表も数多く聞いてきた。そのなかには，面白いものも，つまらないものもあった。いいものも，悪いものもあった。

　なかには，どこかの本に書いてあることを，そのまま引き写してきたようなレポートもある。どんなに立派なことが書いてあっても，それはダメなレポートだ。他人の意見をまとめるのは勉強になるかもしれないが，それだけではレポートにはならない。他人の意見と自分の意見を区別する。それがレポートでは大事になる。自分なりの考えがちょっとでも書いてある。そんなレポートは，読みながら興味を惹かれる。伝えたいという思いが溢れているものもある。そういうレポートは，読んでいて楽しいものだ。

　4年間の大学時代には，いくつものレポートを書くことになるだろう。同じ時間をかけるのなら，自分でも「やった」と思えるようなものにしてもらいたい。そういうレポートを仕上げてもらいたいものだ。レポートを書くたびに工夫を加える。そうやって，上達していくものだ。大学教師としての私は，そんなふうに思っている。

　大学教師生活のなかで，文章を書くときの要領も，それなりにつ

かめてきた。レポート作成には，これが正解というものはない。それでも，ポイントを知っておけば，役に立つはずだ。本書では，その極意をできるかぎりやさしく，誰にでもわかるように伝えてみたいと思う。世の中には，ハウツー本やマニュアル本が溢れている。本書はマニュアル本ではない。いくつかのコツが書かれているだけだ。全部を真似する必要はない。気に入ったところがあれば，ちょっと使ってみてほしい。それでレポートを書くのが楽しくなれば，それに越したことはない。

なぜレポート・レジュメを書くのか

　イギリスの登山家ジョージ・マロリーは，3度エベレスト登頂に挑んだ。残念ながら，3度目の登頂で遭難してしまった。彼は，生前，「なぜ，あなたはエベレストに登りたいのか」と問われたことがあった。そのとき，「そこに山があるから」と答えたそうだ。マロリーが3度もエベレスト登頂に挑んだのはなぜだろうか。きっと登頂という行為のなかに何らかの楽しみを見出したからだろう。だから死を恐れずに，彼は山頂を目指したのだと思う。75年後に遺体で発見された彼には，それをもはや語ることはできなかったが。

　ここで，あなたに問いを出してみよう。「なぜ，あなたはレポートを書くのか」。その問いに対して，あなたはどんなふうに答えるだろうか。

　誰にでもすぐ思い浮かぶ答えがある。それは，「先生が課題としてレポートを出したから」というものだ。授業の一環として出されたものだったら，誤りとはいえない答えだろう。でも，これは形式的な答えであって，内容的な答えにはなっていない。

みなさんは，レポート・レジュメという山に登ろうとする。山までとはいかない，丘かもしれない。それでも，みなさんにとっては大きな課題といえるだろう。みなさんが，その山を登るのはなぜなのか，あらためてそれを問い直すところから始めてみよう。

　それでは，もう一度，先ほどの質問を繰り返すことにする。「なぜ，あなたはレポート書くのか」。

　それに対して，「単位がほしいから」と答える人もいるかもしれない。これは実に正直な答えだ。大学生にとって，授業の単位は重要な意味をもつ。1単位でも不足していたら卒業できない。レポートを出さなかったら，どうなるだろうか。1年間休まずに出ていた授業の単位がもらえないことになるかもしれない。だったら，どんな内容でもいいから，レポートを出そうと思う。それも一案かもしれない。「時間があまりないから，ネット検索して，とにかくコピペしてレポートを出してしまえ」。そんなふうに思ったとしたら，要注意。どこからか，教育的指導の笛が「ピーッ」と鳴りますよ。危ない，危ない。

　それでは，「なぜ，あなたはレポートを書くのか」。さらにもう一度，質問を繰り返してみよう。

　レポートを書くことは，どういう意味があるのだろうか。その課題を出した先生と真っ正面から向き合う。そこからレポートを書く作業は始まることになる。先生が何を求めているのか考えてみる。その問いの意味を深く考えてみることが，まず最初に大事なことなのだ。そうしたことについて深く考えずに，とにかく書き始めたりする。そうすると，後で収拾がつかなくなったりするものだ。何事も最初が肝心。

　みなさんのなかには，文章を書くことが好きだという人がいるか

もしれない。文章を書くのは苦手という人もいるかもしれない。小学校から高校まで、学校ではさまざまな課題が出されてきたと思う。たとえば、読書感想文や修学旅行に行った報告など、いろいろなことを書く機会があっただろう。そうした文章とレポートやレジュメは、どこがどう違うのだろうか。それについてちょっと考えてみよう。

　読書感想文は、本を読んだ後で自分が感じたことを書けば、それでよい。一方、課題図書が出されて、レポートの提出が求められたときはどうだろうか。たとえば、「日本経済の状況について論ぜよ」とか、「エミリー・ブロンテの生き方について、あなたの考えを述べなさい」という課題だったとしよう。「日本経済は厳しい」とか、「ブロンテの生き方はすごい」というような個人的な意見を書いてもダメだ。課題図書に関係する本を少なくとも2,3冊、できれば10冊ぐらいは読んでほしいものだ。もちろん本にかぎらず、論文でもいい。レポートを書く前には、そんな準備が求められるのである。

課題の意味を捉え直す

　レポートの課題には、定型的なものがある。「〜について論ぜよ」とか、「〜について述べよ」というものが多い。では、「論じる」とか「述べる」というのは、どういうことなのだろうか。あまりにも自明のような気がして、わかってしまったように感じるかもしれない。しかし生半可にわかったつもりになっているだけでは、物事はうまく進まない。そんなときには、その言葉について、まず辞書で引いてみるのがよい。

「論じる」の「論」には、こんな意味がある（デジタル大辞泉）。

> ① 物事の筋道を述べること。また、その述べたもの。意見。
> ② 意見をたたかわすこと。議論。論議。
> ③ インドの仏教学者が著した協議の綱要集。論書。また、狭義の注釈などをした文献。論蔵。
> ④ 漢文の文体の一。自分の意見を述べる文。

こんなふうに辞書を引くと、「論」には四つの意味があることがわかる。その中から、レポートに関係しそうなところを抜き出して考えてみると、次のようになりそうだ。

> レポートとは、自分の意見を筋道立てて述べるものである。
> レポートとは、自分の意見と他人の意見との異同を示すことである。

　課題図書を出されたら、それだけではなく、それ以外の本も読んでほしいと書いた。それは、多様な視点から、考えてみることが大事だということを意味しているのだ。一つの本だけ読んでいたら、一つの視点しか得られない。複数の本を読めば、賛成の意見も反対の意見も書かれている可能性がある。そうしたいろいろな意見が書かれている本を探して読んでみる。そうしたこともまた重要なことなのである。

　そうした読書は、本の書き手との対話でもある。何を言いたいのか、何が主題なのか。それを考えながら、本を読み進めていくのだ。「自分はこう思うけど、筆者は違った意見だ」。「筆者の意見は、なるほど納得できるものだ」。そんなふうに考えながら、読み進めて

いくと，理解も深まっていく。それが書き手との対話ということである。

そうした営みは，出されたレポートの課題の意味について，自分の生活とつなげて考えてみることにも通じる。「日本の経済状況」や「エミリー・ブロンテ」と自分との接点は何か。どこかに関係性がありそうだと考えてみるのだ。接点は，必ず何かあるはずだ。

「日本の経済状況」は，人々の日々の暮らしと関連している。たとえば，あなたがコンビニでアルバイトをしているとする。そうしたら，「近頃売れ行きの良い商品は何か」と考えてみる。それだけで，「日本の経済状況」はぐんと身近なものになる。

「エミリー・ブロンテ」についても，同じことが言える。彼女が書いた小説が映画化されているものを観る。そのことで，あなたの心に強く響くものを見出すことができるかもしれない。

こんなふうにちょっとした工夫をしてみる。そこから，自分との接点を見つけることができたとする。そうなれば，レポート課題は，単なる授業の課題ではなくなる。レポート課題は，自分にとって必然性をもったテーマになるのだ。レポートを書くのも容易になるし，リアリティも増すことになる。書いていて，楽しいレポートになるに違いない。

読み手を想像して書く

レポートは，自分の意見を筋道立てて書いていくものだと述べた。ただ単に，「すごい」とか「素晴らしい」と書いただけではダメだ。ただの感想文になってしまう。自分の思いをあれこれ述べただけではダメなのだ。自分の意見と本に書かれている意見を区別すること

も大事だ。事実と考察を区別することも大事なことなのである。

　「誰々は，こう述べた。他の誰々は，こう述べた。私は，こう考える」。こういうことを書き連ねても，面白いレポートにはならない。そういうレポートは，自分が勉強したことを，整理しただけに留まってしまう。ただの読書メモか，備忘録である。

　そこで考えなければならないことがある。それは，そのレポートの読者は誰なのかということだ。もちろん，その答えは，レポートを出した教員である。その読み手が，どんなふうにレポートを読んでくれるのか，想像したことがあるだろうか。誤字脱字が多ければ，「なんだ，このレポートはきちんとしていない」と思わせるかもしれない。今どきはパソコンを使ったレポートが主流だ。美しい手書きのレポートなら，強い印象を与えるかもしれない。書き殴ったような手書きのレポートなら，読む気が失せるかもしれない。

　自分が精一杯勉強したことを書くときに，それを読んでいる先生の顔を思い浮かべてみる。そうしながら，レポートの文章を書き進めていくのだ。レポートを書きながら，その途中で考えてみる。「別の表現のほうが伝わるだろうか」。「ここはわかりにくいかな」。そういったことを自問自答してみるのである。ニコニコした先生の顔が思い浮かべば○（マル），しかめっ面だったら×（バツ）。そんなふうにしてレポートを書いていく。そうすれば，よりリアルな伝わりやすい文章になっていくものだ。

　レポートは論理的な筋道だったものでないといけない。客観的で学問的な知識に裏づけられたものでないといけない。それはそうなのだが，他方で，無味乾燥なものでもいけない。他の誰が書いても同じようなレポートになってしまう。それだったら，あなたが書く意味がない。レポートの背後に，書き手の伝えたい熱い思いが垣間

見られるレポートは,読んでいてワクワクするものだ。学問的な文章の作法に則りながら,自分の思いを伝えること。それがレポートを書くうえで大切なことなのだ。そのためにも,レポートの読み手を意識して書くことが求められるのである。

レポートを書くということ

ここまで読んできたあなた。レポートの書き方のポイントが少しはわかっただろうか。まだよくわからないと思っているあなた。心配することはない。本題はこれから始まるのだから。「習うより慣れろ」という諺(ことわざ)があるが,闇雲(やみくも)に練習してもダメだ。自分勝手の無手勝流では,いつまで経っても上達しない。レポートも同じである。

何事も最初が肝心。文章を書くときにも,それは当てはまる。レポートを書くには,それぞれのステップでコツのようなものがある。それがわからないままにレポートを書いてもうまくは進まない。本書は,もっと水準の高いレポートを書いてみたいと思う人に向けて書いたものだ。そういう気持ちをもった人の手助けとなるようなことをまとめてみた。

レポートを書くには,三つの段階がある。第1は,調べる段階。材料がなければ料理ができないように,レポートを書くにも素材が必要だ。それを得るためには,図書館に行って本を借りたり,新聞を読んだり,雑誌に目を通したりする必要がある。今どきだったら,パソコンやスマホを使って,ネット検索をするという手もある。とにかく頭の中に,レポートの素材を蓄える作業から始めるのだ。それがある程度できたら,次の段階に進んでいくことになる。

第2は,調べたことにもとづいて考える段階。考えるときにも,いろいろな工夫が必要だ。手帳や紙にメモしていくと,自分が何を考えているかを可視化することができる。自分でも確認できるのだ。私は,ちょっと長い文章を書くときには,必ず手書きのメモを最初に作るようにしている。そのメモをもとに,さらにメモを新たに作り直すこともある。何度かやっているうちに,自分の考えがまとまっておおよその構成ができてくる。今どきは,パソコンを使って,こうした作業をやることもできるだろう。考えが整理できたら,次の段階に進んでいくことになる。

　第3は,考えたことを実際に書く段階。私の学生・院生生活を過ごした1970年代にはパソコンもワープロもなかった。レポートや卒業論文・修士論文は,すべて手書きだった。今どきは,小説家でもパソコンで執筆する時代だ。学生もパソコンのワープロ・ソフトを使って,レポートを書いている。第2段階までに考えたことにもとづいて,パソコン画面を前に,キーボードを打つ作業となる。

　それぞれの段階において,ポイントになることがある。それらを第1章から第9章までにまとめてある。実際に,レポートやレジュメを作成するときの参

序　章　レポートを楽しんで書くコツ

考にしてもらえればと思う。では、ホップ、ステップ、ジャンプと進めていこう。

CHECK POINT ✓

☐1 「なぜ、あなたはレポートを書くのか」について考えてみよう。

☐2 書き始める前に、課題を出した先生が何を求めているのか、その問いの意味を深く考えてみよう。

☐3 読書感想文は本を読んだ後で自分が感じたことを書けばよい。レポートは、それとは異なり、自分の意見を筋道立てて述べるものである。

☐4 レポートのための読書は、書き手との対話である。自分の意見との違い、自分との接点を見つけてみよう。

☐5 レポートの読者は誰なのかを意識して、自分の考えを伝えよう。

☐6 レポートを書く作業には、三つの段階がある。①調べる段階、②調べたことにもとづいて考える段階、③考えたことを実際に書く段階。

第1部 調べる
Input

第1章　知的好奇心をもつ
第2章　批判的なまなざしを養う
第3章　徹底的に調べる

第1章 知的好奇心をもつ

疑問を大切にする

　世の中には，不思議なことがたくさんある。道路の交差点には，交通信号がある。横断歩道を渡るときに，いつも見ているものだ。通常，「赤は止まれ，黄は注意，青は進め」と理解している。でも，実際の信号機をよく見ると，その色はどうなっているだろうか。「赤，黄，緑」となっているのだ。緑色なのに，青信号というのは不思議ではないか。こんなときに，「何でなんだろう」と疑問をもつ。それが大事である。信号機の緑色が，気になってきた人は，自分で調べてみてほしい。

　もう一つ不思議なことがある。クレヨンの水色は，青い色をしている。でも，実際の水は無色透明だ。水道の栓をひねって出てくる水は，青い色をしていない。水色は，水の色なのに，水色のクレヨンは青い色なのだ。「何でなんだろう」と疑問をもつ。水色が気になってきた人は，これまた自分で調べてみてほしい。

　こんなふうに，世の中には，不思議だなと思えることがたくさんある。自分が知らないことも，意外と多いものだ。中学のときの担任の先生が，よく言っていた。「聞くは一時の恥，聞かぬは末代の

恥」。知らないことがあっても，それは大したことではない。知らないことは，恥ずかしいことでもない。大学生は，学ぶことが本分なのだから，知らないことがあったら，大いに学んでいけばよいのだ。恥ずかしいのは，知らないままにすることである。知ったかぶりをするのは，もっと恥ずかしいことだ。なぜだかよくわからないことが出てきたら，人に聞くのもよいが，できれば自分でとことん調べてみることだ。

それでは，ここで質問を出してみよう。次の絵は，何に見えるだろうか。じっとよく見ていると，動物だということがわかるはずだ。わかっただろうか。

（出所）　Jastrow（1899）.

この絵のタイトルは，「ウサギとカモ」。ヤストローという心理学者が描いたものだ。ウサギに見えただろうか。カモに見えただろうか。この絵の不思議なところは，ウサギに見えたり，カモに見えたりするところだ。心理学では，反転図形と呼ばれている。「ウサギだ」と言われると，ウサギが見えてきて，「カモだ」と言われると，今度はカモが見えてくる。ちょうど半分半分で，交互に見えるから，反転図形なのだ。私たちの目は，真実を見ているようで，実に簡単に騙されてしまうことがある。こうした錯視が，どんなメカニズムで起きるのか，不思議に思って知りたくなったら，すぐに調べるこ

とだ。

「なぜだろう」と思う心を,いつも大事にしていこう。「どうしてなのだろう」と問う姿勢も大切にしよう。常日頃から,そういう態度で物事を見ていれば,レポートを出されても,ちっとも怖くない。

何事にも興味関心をもつ

「蓼食う虫も好き好き」と言われる。好みは人によってさまざまに異なるということだ。「好きこそものの上手なれ」とも言われる。好きなことは,とことんのめり込んで上達も早かったりする。人から誉められなくても,報酬を何も得られなくても,やり続けられるものだ。

もしかすると,大学での勉強にも,それは当てはまるかもしれない。他学部の同級生から,「君のやっている勉強って,何が面白いの」と言われたことはないだろうか。逆に,友だちのやっている勉強も,その面白さがよくわからなかったりする。互いに,自分が興味をもっているから,その学問を続けているのではないか。「好きこそものの上手なれ」なのである。

ハーローという心理学者が,サルを使って,そんな心理を研究している。サルに,知恵の輪のようなパズルを与えてみる。パズルが解けても,エサがもらえるわけではない。サルの行動を観察していると,懸命にパズルを解こうとすることがわかった。サルにとっては,パズルを解くこと自体が目的になるのだ。与えられたパズルが,サルたちの知的好奇心を大いに刺激したのだろう。パズルが解けたときに,エサを与えると,パズルを解こうとする行動が減少してしまう。エサという外的報酬が,サルの知的好奇心をスポイルしてし

まったのだ。

　私たちの日常生活の中にも，知的好奇心をそそるものは少なくない。収集の趣味は，その最たるものの一つだろう。他人から見たら，ガラクタにしか見えないものでも，当人にとっては宝の山だったりする。次から次へと，収集対象がつながっていって，際限がない。

　とっかかりは一つのことであっても，連鎖的にいろいろなものに興味関心を広げていく。そうした姿勢は，レポートを書いていくときに，とても重要だ。レポート作成の土台となる日常的な勉強でも，同じように大事にしたいものだ。

　興味関心は，自分が専攻している学問分野を軸にして，隣接分野にも広げていくのがよい。心理学を専攻しているのならば，教育学や社会学にも目を転じてみよう。今の時代に生きている人間の心理を理解するには，政治学や経済学も必要になる。歴史的な視点や文化的な視点を考察に入れるなら，歴史学や言語学，文学も大事になる。そう考えてみると，あらゆる学問は，相互に関係し合っていて，どれも学ぶ価値が大きいことがわかる。きっかけとして入門書でもいいから1冊読んでみると，きっと世界が広がるはずだ。

　興味関心を広げるのは，学問の世界だけに留まらない。人間を知るには，現実の暮らしぶりや生活を理解することが必須となる。たとえば，歌である。私は，心理学のなかでも時間的展望の研究をしているが，あるときあらためて気づいたことがある。歌のなかには，「未来」とか「夢」，「過去」とか「人生」を題材にしたものが少なくない。そこで思いついたのが，「時間的展望ソングブックを作る」というアイディアである。自分が知っている歌やインターネットで検索して調べた歌をツイッターで紹介する企画なのだ。心理学の研究と世の中に流れる歌とのコラボレーション。「時間的展望ソング

ブック」を作っているうちに，歌の歌詞から研究のアイディアが浮かんでくることもある。こんなふうに，いろいろなところに首を突っ込んでいく。自分でも面白がってやってみる。それがレポート作成の基盤づくりに役立つに違いない。

学問分野にとらわれず貪欲に学ぶ

世の中には，一芸に秀(ひい)でているだけでなく，才能豊かで多彩な分野で活躍している人がいる。医者で小説家というのは，その一つの例だ。森鷗外の名前が，すぐに思い浮かぶ。その域に達するのは，並大抵のことでは叶わない。凡人にとっては，「二兎を追う者は一兎をも得ず」となってしまうかもしれない。だからといって，大学での勉強が，狭い分野に留まっていてよいというわけではない。

現代は，グローバル化社会だと言われている。世界中の至る所がインターネットでつながれ，お互いの距離がどんどんと縮まってきている。お互いを隔てる垣根が低くなり，境界も曖昧になってきている。学問の世界でも，それは同じだ。理工のエンジニアが，人間の心理を学んで，介護型ロボットの研究を進めたりしている。一つの学問分野で完結しない研究が，次々に展開されている。複合的な視点をもった人物が，現代社会では，強く求められているのである。

「隣の芝生は青い」と言われる。人がやっていること，人がもっているものは，すばらしいものに見えるということだ。実際に，すばらしいかどうか，自分でもちょっと齧(かじ)ってみたらよい。魅力的に見える学問について，新書レベルの本を読んでみたらいいのだ。面白いと感じたら，関連する本をさらに読めばよい。つまらないと感じたら，別のジャンルの本に移っていけばよいのだ。

大学で在籍している学部や学科，専攻・コースは，学問の入口でしかない。たいていの家では，表玄関は一つしかない。玄関から入ると，廊下があったり，リビングや部屋があったり，トイレや風呂があったりする。間取りは，それぞれの家で違っている。勉強も，家を造るのに似ている。実際の家を造るには，敷地の広さがあらかじめ決まっている。それに対して，勉強は，そういった制約がない。いくらでも広げられる。大きな家を造ってもいいし，高い家を造ってもよい。玄関から入って，少しずつ建て増ししていく。そうしてできた家は，一つひとつが個性をもった家だ。それぞれオリジナルな勉強成果を示しているのだ。入口は一つでも，いくらでも広げることができる。そうやって，領域を広げていくことが大事なことなのだ。

　私自身の経験でも，他の学問分野の人との交流を通じて，学んだことは多い。学会でいえば，教育学会，特殊教育学会，生活指導学会あたりだ。そういう学会へ出かけていくと，「心理学での常識」が通じないことがある。そういったときには，相手にわかるように，丁寧に説明することが求められる。そうした努力を積み重ねていくと，自分では自明だと思っていたことを，あらためて問い直すことにもなる。それをきっかけに，自分の頭の中が整理されたりするのだ。

　逆の経験もある。他の学問領域で，「普通のこと」として話されていることに，違和感を感じることがある。そんなときには，「なぜだろう」と考えてみることにしている。心理学では手つかずになっている問題だったりすることもある。「他の学問分野での常識」が，心理学の研究に新しい光を当てるものだったりもする。他の学問は，自分の勉強している学問を映し出す鏡なのかもしれない。

もう一度繰り返そう。学問の入口は一つでも、いくらでも広げられる。どれぐらい広げられるかは、自分次第だ。大学での勉強は、学び続けることである。学び続けるには、自分の意志をしっかりもたないといけないのだ。

セレンディピティ

　「セレンディピティ」とは、小説家のホレス・ウォルポールが生み出した造語である。彼が子どもの頃に読んだ『セレンディップの3人の王子』（セレンディップとは、現在のスリランカ）の物語に由来している。

　その物語のなかで、1人の王子が道を歩いていた。すると、道の片側だけ、草が食べられているのを見つけた。王子が歩きながら、考えていると、前にロバが歩いていた。王子は、さらに考える。もしかすると、このロバは片方の目が悪いのかも。だから、片方の草しか食べられない。ロバの目を見ると、やはり、片目のロバだった。

　物語の要点は、こうだ。片側だけ草が食べられている光景がある。それをなぜだろうと思わなければ、ただ通り過ぎてしまうだけだ。その光景を見て、「おかしいな」「妙だな」と心に留めてみる。すると、片目のロバという推定に行き着く。こうして、ちょっとした発見に至るわけだ。

　わずかな兆候を見逃さず、それを心に思い続けてみると、新たな発見がある。セレンディピティは、そうした心の動きを言い表しているのだ。感じ取りやすさ、感覚の鋭敏さにも関係している。

　心理学で使われる閾値（いきち）という概念は、そうした感じやすさを示すものである。学生時代の基礎実験で2点弁別課題の実験をやったこ

とがある。1人が目をつぶって、右上腕を差し出す。もう1人が、コンパスを開いて、腕にそっと下ろして刺激を与える。二つの点として感じるか、1点として感じるかを尋ねる。コンパスの距離（長さ）を次第に狭くしていったり（下降試行）広くしていったり（上昇試行）して実験する。そうすると、ある距離（長さ）になると2点ではなく、1点だと判断するようになる。それが、2点弁別の閾値である。このように、実際には2点の刺激を受けているのに、一つだと判断してしまうのだ。

2点弁別は痛覚だが、あらゆる感覚に閾値がある。同じ痛覚でも、身体の部位で感じやすさは違ってくる。人によっても、違いがある。感じやすい人もいれば、感じにくい人もいる。敏感だったり、鈍感だったりするのだ。

閾値が低いということは、それだけ感じやすいということである。ちょっとした変化や違いに敏感に反応する。ワインのソムリエは、ワインの香りや味を鋭敏に区別できるのだ。

感じやすさには、閾値の低さが影響するが、多様なものに反応する広さも重要だ。アンテナの張り具合によって、いろいろな情報が

第1章　知的好奇心をもつ

得られたり，得られなかったりする。高感度のアンテナであれば，さまざまな情報が入ってくる。

テーブルの上に新聞を広げて，1面から順番にめくっていく場面を想像してみよう。新聞の紙面には，記事もあれば，広告も掲載されている。大中小の見出しもあれば，写真もある。どこに目を留めるのかは，それぞれの関心や興味によるわけだ。閾値が低い分野があれば，そこに目が留まる。私の場合，「時間」「未来」「希望」という単語は，すぐに目に入ってくる。不思議なくらいだ。

時間があるときに，こんなふうに新聞を広げてみるとよい。自分の興味関心の所在がわかってくるからだ。興味関心を深めていきたいと思う記事と出会えるかもしれない。新聞だけではない。本も雑誌も，新たな発見の手がかりを与えてくれる。テレビや映画，CMや広告も，そんな出会いを提供してくれるかもしれないのだ。

耳学問

> 「子曰，学而不思則罔，思而不学則殆」
> 「子曰く，学びて思わざれば則ち罔(くら)し，思いて学ばざれば則ち殆(あやう)し」
> 孔子先生は，次のようにおっしゃった。「学んで，その学びを自分の考えに落とさなければ，身につくことはない。また，自分で考えるだけで人から学ぼうとしなければ，考えが凝り固まってしまい危険だ」と。

外山(2014)は，日本における学問は文字優位だと述べている。書物に書かれたものが尊ばれ，人の話は脇に置かれる。そのような

傾向は，昔からあったのだという。その例として挙げられているのが，漢文である。上に示したのは，論語の一節からの引用である。

漢字で書かれた原文の意味は，中国語でも漢文でも同じだ。その一方，発音は，中国語で読むのと，書き下し文として読むのとではまったく違う。日本では，中国語で書かれた文章や詩をもっぱら文字として受容したのである。漢文が読めても，中国語は話せるようにはならない。

現代でも，博学とか博覧強記とかと評される，大変な読書量を誇る人がいる。もちろん，本を読むことは大事だし，多くの本を読んでほしいと思う。同時に，人の話を聞くことからも，いろいろ学ぶことは少なくない。

今の世の中，至る所で講演会やシンポジウムが開かれている。ちょっと興味があるなと思ったら，聞きに行ってみるとよい。講演者が専門家で，その道を究めている人ならば，もっとよい。そういう人の話は，わかりやすいことが多いからだ。もちろん当たり外れはある。外れたとしても，それも勉強。当たりだったら，得ることは大だろう。講演の全部がわかるということは，まずない。一つ二つ，自分の心に響くようなものがあれば，それで十分である。それを大事に心に留めて，覚えて帰れば，それでよいのだ。

講演会でなくても，人の話が役に立つことはある。ゼミなどで，他の学生が話しているなかでも，刺激を受けることはあるはずだ。ただ漠然と聞いているだけでは，それを感じ取ることはできない。自分のアンテナを張っておくと，引っかかってくるものだ。ゼミのディスカッションは，理路整然と議論が進むときもあれば，あちこち飛びながら進むこともある。誰かの発言が，心に響いてきたら，すかさずメモを取ってみよう。ただ聞くだけでなく，メモを取れば，

よりいっそう記憶に残るはずだ。思い出せなくなっても、メモを見れば、そのときの光景が蘇ってくるだろう。

耳学問というと、少しばかり程度の低いものと思われるかもしれないが、実際は、聞いて覚えることも少なくない。どんなふうに聞き取るかという態度が重要なのだ。聞き流していては、肝心のポイントをつかみ損ねてしまう。しっかりと聞くという姿勢を大事にしたいものだ。

当たり前だが、目を閉じていては何も見えない。だから、本を読むには目を開けないといけない。一方、耳は閉じられない。だから、いつでもどこでも音の情報は入ってくるのだ。そこから取捨選択し、つかんだものを自家薬籠中のものとする。そんな学び方を自分のものとしてほしい。

メモを取る

学会のシンポジウムには、指定討論という役割がある。何人かの報告者の話を聞いて、コメントするのが仕事だ。なかには、すごい人がいる。その場で、パソコンに打ち込んでいく。パワーポイントのスライドを即席に作ってコメントするのだ。「何と、スマートな」と思ったりするが、私にはそんな芸当はできない。

私は指定討論を頼まれると、会場にA4判の白紙を数枚持っていく。報告者の話を、メモを取りながら聞くのだ。紙のあちこちに、単語やフレーズを書き付けていく。そうやって聞いていると、頭の中が少しずつ整理されていく。コメントの筋がだんだんと見えてくるのだ。手を動かすと、頭の筋肉もほぐれてくるようだ。

同じように手を動かすのでも、キーボードを打つのと紙に鉛筆で

書くのとでは、違うように思う。手書きのよさは、どこでも、いつでも、容易にできることだ。縦書きでも、横書きでも、自由自在である。重要なことは、大きな字で書くこともできる。単語同士や文書を線で結んで関係づけたりもできる。アナログ人間の私は、手書きメモ派なのである。

　メモを取るのは、興味をもったことを忘れないようにするためである。人間は忘れる動物だ。短期記憶には$7±2$ぐらいの容量しかない。せっかくいい話を聞いても、次の情報が入ると、頭の中から押し出されてしまう。本を読んで、すばらしいと思っても、次の文章を読み進めるうちに、前のことは忘れてしまう。そこで、メモを取るのだ。忘れたときのためにも、忘れないためにも、メモは必要なのである。メモするのは、メモ用紙でも、紙ナプキンでも、広告の裏でも、何でも構わない。まずは備忘録として、メモしてみよう。

　メモを取ることに慣れたら、手帳を一冊用意して、メモ帳に使ってみよう。シナリオライターのジェームス三木氏は、いつも「ネタ帳」を持ち歩いているらしい。シナリオの素材になりそうなことに出会ったら、何でもメモして書き留めるのだという。そのためには、いつもアンテナを張っていることが必要だ。何にでも関心をもち続けるエネルギーが必要だ。

　「レポートや勉強のためにメモするのだ」と思うと、長続きしないかもしれない。目的を絞らず、興味をもったことや疑問に思ったことを書き連ねていこう。肩の力を抜いて、メモするといいだろう。

　書き貯めたメモを、ときどき読み返してみるとさらによい。自分がこんなことを考えていたのかと、自分の思考スタイルを振り返る機会にもなる。メモを読めば、自分の興味関心の移り変わりを確認することもできる。「アイディアノート」とか、「発想ノート」とか、

自分なりの名前を付けてもよいかもしれない。

　こんなふうに，メモを見れば，何でも思い出せる。だから，ひとまずは忘れてしまっても安心である。手書きのメモは，自分の頭の中にある興味関心の所在を可視化させる。自分の思考について，もう1人の自分が他者視点から見ることができるのだ。心理学では，これをメタ認知という。より上位の視点から，自分の思考について思考することを指す。これは自分1人でできるし，思考の訓練にもなる。メモを取ることで，自分の興味関心を広げ，メモを読み直すことで，思考水準を高められる。メモは一挙両得だといえる。早速，メモを習慣づけるようにしてみよう。

文　献

Jastrow, J. (1899). The Mind's Eye. *Popular Science Monthly*, 54, 299-312.
外山滋比古（2014）.『聴覚思考——日本語をめぐる20章』中央公論新社

CHECK POINT ✓

- □1 何事にも興味関心をもち，気になったら調べてみよう。
- □2 自分が専攻している学問分野に限らず，隣接分野にも興味関心を広げ，複合的な視点をもとう。
- □3 魅力的に見える隣接分野の学問について，まずは新書を読んでみよう。面白いと感じたら，関連する本をさらに読もう。つまらないと感じたら，別のジャンルの本に移っていけばよい。
- □4 「○○学での常識」は，他の領域では通じないことが多い。そういった経験を通して，今まで自明だと思ってきたことをあらためて問い直すことができるだろう。
- □5 誰かの発言が，心に響いてきたら，すかさずメモを取っておこう。
- □6 メタ認知（自分の思考について，もう1人の自分が他者視点から見る）を発揮して考えることが大切だ。

第2章 批判的なまなざしを養う

真理とは何か

　学問は真理を探究する。真理とは,「いつどんなときにも変わることのない,正しい物事の筋道。真実の道理」(デジタル大辞泉)のことである。真実に到達することは,容易ではない。ときとして,人間の認識は誤ることがある。

　一例を挙げてみよう。現代を生きる私たちは,地動説(地球が静止している太陽の周りを自転しながら回っているという説)が真実であることを知っている。だが,昔は,天動説(地球が宇宙の中心に静止していて,他の天体が地球の周りを回っているという説)が正しいと信じられていた。天動説の誤りを指摘し,地動説を唱えたのがコペルニクスである。私たち人間の認識は,まさにコペルニクス的転回を遂げたのだ。

　日常生活において,私たちは地球が自転しながら太陽の周りを回っているとは感じられない。東から昇り,西に沈む太陽を毎日見ていると,太陽のほうが回っていると思ってしまう。天文学などの学問が発展していなかった時代に,天動説を素朴に信じるのも無理はなかったといえる。私たちの認識が,自分の実感を超えるのは難し

い。正しい認識に至るには、科学にもとづいた事実を冷静に見ることが不可欠なのである。

　天動説と地動説は、コインの裏表のようなものである。地球と太陽との関係を、まさに正反対から見ている。さまざまな事実の積み重ねによって、地動説の正しさが証明されたのだ。

　もしかすると、私たちが今、学問的な真理だと思っていることも、何年か経って、間違いだと明らかになることがあるかもしれない。学問の発展は、これまでの到達水準を否定するところから始まるものなのである。

　本や論文を読む際に、学問的な成果を学ぶという姿勢は大事である。他方で、他の可能性がないかと考えながら、読み進めることも重要である。どんな情報でも、それを鵜呑みにしてはいけない。多面的な見方が求められる。一つの情報や出来事も、表と裏の両面があることを忘れないようにしよう。表を見て、裏を見れば、それだけ思考プロセスも深まるはずである。

　本や論文に書いてあることにも、誤りがあるかもしれない。「誤植」という言葉を、知っているだろうか。これは、印刷物の文字や記号の誤りを指すものだ。本や論文が印刷されるまでには、校正という作業が入ってくる。初校、二校、三校といった具合に、最終的に印刷する前に、間違いを訂正していくのだ。念には念を入れて、校正しても、それでも誤植が見つけられないこともある。

　「誤訳」は、外国語を日本語にするときの誤りのことだ。"Time flies like an arrow"を日本語にすると、正しくは「光陰矢のごとし」になる。その意味は、「月日の過ぎるのは速いものだ」となる。これを、「時蠅たちは矢が好きだ」と翻訳したら、間違いになる。これはわかりやすい誤訳である。

これほどの極端な誤訳でなくても，翻訳書には誤りがあると思っていたほうがいい。横の文章（外国語）を縦の文章（日本語）に翻訳するのは，かなり難しい知的作業なのだ。翻訳書を読んでいると，何だか意味がよくわからないと感じることがある。そんなときには，原書を手にして，自分でも翻訳してみよう。もしかすると，翻訳が間違っているかもしれない。そんなふうにして，自分で確かめてみると，正しい理解に通じることがある。学問的な真理の探究には，冷徹な目が必要なのである。いろいろな可能性を考えつつ，真実に迫っていきたいものである。

常識を疑う

　子どもの頃に，「夜爪を切ると親の死に目に会えない」と親から言われたものだ。迷信の類いだが，自分の親の口から直接言われると本当らしく思え，信じていた。「夜の爪切り」と「親の死に目」がなぜ結びつくのか。推測だが，暗くなってから爪を切ると，深爪したりして，そこからバイ菌が入ったりする。もしかすると，重い病気になって，親より先に死んでしまうかもしれない。こんなふうなストーリー展開で，夜の爪切りが親の死に目につながっていったのではないだろうか。迷信はたいてい根拠があまりないものだが，それでも何となくそれが正しいように思えてしまう。「夜口笛を吹くと蛇が出る」とも言われた。それがなぜか，今でもわからない。
　「スポーツをすると健康によい」というのも，人口に膾炙（かいしゃ）している。スポーツ好きは男女を問わず，健康優良児のように見える。だが，それも状況による。最近よく聞く熱中症は，スポーツをやっている最中にも起きる。炎天下で適度な水分補給をしないで運動し続

けていると，熱中症になる危険性が高い。いくら日頃，スポーツで鍛えているからといっても，例外はない。時と場合によっては，スポーツが生命の危険さえもたらすこともあるのだ。何をするにも，状況によるのである。

　もう一つ身体のことでいえば，「〜でやせた」といった食品や運動の宣伝が世の中に溢れている。ダイエットのやり方が，これほどたくさん流れているということは，結局はどれも決定的なダイエット効果がないことを示しているのではないか。そんなふうに斜に構えて考えたくもなってくる。ダイエット流行の風潮へのちょっとした皮肉だ。

　ダイエットの宣伝は，Aという食品やBという運動と，やせたという「事実」とを結びつける。「Aならばやせる」「Bならばやせる」というように，結果から原因を導き出す。「個人の感想です」とか「個人によって差があります」などと，小さく注意書きが添えられていることもある。どれぐらいの人が，AやBを試し，そのうちのどれぐらいの人に効果があったのか。そうした事実が，効果の指標となる。単純に結論を導き出してはいけないのである。

　「Aという食品」と「やせる

こと」との間には、いくつもの要因が介在している。「やせよう」と思った人が、Aを摂取するだけでなく、毎日の食事に気をつけたり、意識して歩いて運動していたりしているかもしれない。そうしたいろいろな要因が影響し合って、最終的に体重減に結びつく。こんなふうに考えるのが、ごく自然だろう。直線的な因果関係だけで解釈したほうがすっきりする。そのほうが、わかりやすく強いメッセージとなるからだ。気をつけなければならないのは、単純化しすぎて、本質を見失ってしまうことである。

　世間に流布している常識は、単純明快なものが少なくない。それを一度、疑ってみる。そういう姿勢を大事にしたいものである。

　世界がグローバル化して、さまざまなことが複雑に絡み合って展開していく。グローバル化すればするほど、事態は複雑になる。世界経済が、まさにそうだ。アメリカの貿易赤字が、回り回って日本の景気に影響を与える。そこにはいくつもの要因が潜んでいる。それをアメリカと日本の2国間の関係だけで捉えようとすると、本質的なことがわからなくなってしまう。日本の対米輸出を減らせば、それで問題が解決されるというような単純な答えが導き出される。そうではなく、世界のなかでアメリカと日本の関係を他の諸国も含めて考えていくことが求められる。アメリカと日本を媒介する要因や、両国に同時に影響している第三の要因があるかもしれない。そんなふうに、少し視野を広げて考えるだけで、新しいことが見えてくるだろう。世間で広まっている常識でも、一度立ち止まって、再考するくせをつけたいものである。

ウラを取る

　新聞記者を経験した人から話を聞くと、その活動は大変らしい。彼らの行動スタイルとして、「夜討ち、朝駆け」というのがある。取材源に対して、時間を気にせずアタックするのが記者魂と言われているのだ。それはなぜか。新聞は嘘を報道できない。自分の書こうとする記事が、真実であるかどうか、その証拠固めをする必要があるのだ。そのために、さまざまな所を回って、情報の確からしさを確認していく。こうしてウラを取っていくのが、新聞記者の大事な仕事なのだ。そうやって、ウラを取った記事のなかから、特ダネが生まれる。その確率は低いそうだが。誤報にならないためにも、地道なウラ取りの活動が求められるのだ。

　では、レポートを書こうとするときには、どうだろうか。たいていの場合、自分の興味や関心のある本や論文を1冊あるいは1本読むところから始まる。書いてあることの全部がわからなかったとしても、とにかく読み切ってみることが大切だ。読み終えたら、次は、どうすればよいだろうか。すぐに、レポートを書き始めるという人もいるかもしれない。それは、やめておいたほうがよい。なぜなら、その本や論文に書かれていることが、真実かどうかはわからないからだ。

　私が大学教員になってしばらくして、先輩から「面白いよ」と勧められた本がある。タイトルは、『鼻行類——新しく発見された哺乳類の構造と生活』。副題からして、何やら興味深そうだ。世界中には、新種の動物が今でも発見されることがある。化石から、新たな動物の存在が証明されることがある。サイエンスとしては、わく

わくするような内容を含んだ本だと思った。一流の動物学者の日高敏隆氏らの翻訳でもある。これは，すばらしい発見かもしれないとも思った。この本は，ハイアイアイ群島に生息していた鼻で歩く鼻行類を解説したものである。線画で精巧に描かれた細密画も図鑑らしい。鼻行類の系統図も，科学的に書かれている。ところが，実は，この本は，原著が1961年に発行された完全なフィクションであり，学術論文のパロディだったのだ。

『鼻行類』は，世の人々を知的に楽しませるものだった。著者は，それらしい科学的な装いと舞台装置を用意して，同書を世に送り出したのだ。この本の「発見」は明らかな嘘だが，読者の中には「本当に鼻行類は存在していた」と思ってしまう人がいたかもしれない。その原因は，一方では，『鼻行類』の内容や体裁がまことしやかで，本物そっくりだったからだろう。他方では，読者が鼻行類の存在について，信じ込んでしまったためだろう。それが本当かどうか，ウラを取ることが必要だったのだ。

このような例は，ちょっと極端かもしれない。研究者は，人を騙すために本や論文を書いているわけではない。だから，本や論文に書かれていることは真実だと思っていい。そんなふうに素朴に思っているとしたら，ちょっと立ち止まって考えてみよう。しばらく前には，「ゴッドハンド」と呼ばれて旧石器時代の遺跡を次々に「発見」した，旧石器ねつ造事件があった。最近では，一躍世間の脚光を浴びたSTAP細胞「発見」という論文不正事件も起きた。このような事件が起きた背景には，いろいろな要因が絡み合っているに違いない。研究者個人の責任を責めるだけでは，問題は解決しないだろう。

こうした「科学的知見」が，本当に真実かどうか，そのウラを取

る姿勢が求められるのだ。学問の世界では、一つの理論や主張の背後には、それに反対したり、疑問を呈したりするような理論や主張が少なからず存在するものである。反論を考慮せず、一方だけを頑(かたく)なに信じていると、とんだことになってしまうのだ。

　一つの本や論文を読んだら、次に、その内容を補強するような本や論文を読んでみよう。同じ著者のものでもいい。同じ考えの別の著者のものでもいい。二つよりも三つ、三つよりも四つと、重ねていくことで、主張は強くなっていく。それができたら、今度は、反対意見や疑問を提示している本や論文を探して、読んでみるのだ。そうやって、オモテとウラの両面から物事を見ることで、自分の思考が整理されていくだろう。ウラを取るとは、複数の視点から、多面的に捉えて、本質に迫ろうという姿勢をいう。日頃から大切にしたいものである。

審美眼を鍛える

　何ごとも、大成するためには不断の努力が必要だ。習い事を始めるのは、6歳の6月6日がいいといわれる。幼い頃から始めて、続けることが肝心ということである。世阿弥の『風姿花伝』も、数えの7歳（満6歳）から稽古を始めるようにと書かれている。歌舞伎の宗家のように、今でもこうした古い時代からの言い伝えを守っているものもある。小さい頃から、稽古を続けることで、自分の芸が身についていくのである。

　私たちが話している言葉も、小さいうちから繰り返し聞くことで身につけてきたものだ。この世に誕生した赤ん坊は、はじめのうちは周囲の大人や年長者が話す言葉をひたすら聞いているだけだ。生

まれて1歳を迎える頃に、意味のある言葉を話すようになる。一定の量の言葉を聞くことで、自分で言葉を話すという質的な変化が生まれるのだ。

学問の世界でも、同じようなことがいえる。大学に入って、最初の頃は、自分の選んだ専攻の学問が何たるかもよくわからない、それが実情だろう。私も、大学入学当初は、心理学の学問としての流儀がまったくもって理解できていなかった。それが、大学の授業を受けたり、自分たちで勉強会を開いたりしていくなかで、少しずつわかってきた。そんな道を、大学生だったら誰でも通るわけだ。

学問に通じるには、まずその分野の本や論文を読むにかぎる。わかっても、わからなくても、とにかく読むのだ。大量に読むことで、少しずつ見えてくることがある。おもしろいものもあれば、つまらないものもある。すごいなと感心するものもあれば、平凡なものもある。こんなふうに、一つひとつの本や論文の中身について、自分なりの評価ができるようになれば、勉強が進んできたと思ってよい。それだけ、審美眼が整ってきたという証拠なのだ。

私の先輩の1人に、修士論文を書くときに、縦180cm×横90cmの本棚一杯になるような本を読んだ人がいた。すごいと思いつつ、自分でもできるだろうかと、少し心配になったものだ。こんなふうに大量に読むことで、それぞれの学問における思考パターンが身についていく。

たくさんの本や論文を読むには、どうしたらいいか。精読していたら、いくら時間があっても足りない。もちろん、重要なものは、じっくり精読して、中身を深く理解していかなければならない。それ以外のものは、どうしたらいいのか。レポートを書く際に、そのための資料を揃えるには、コストパフォーマンスを考える必要があ

る。時間と労力を節約しながら,レポートの素材を集めるのだ。あまり時間をかけずに,内容を理解するには,次のようなやり方を試してみるとよいだろう。

第1は,「前後読み」である。たいていの本には,「まえがき」(はじめに)や「あとがき」(おわりに)が付いている。まず,その「まえがき」と「あとがき」を読む。そこには,著者の問題意識や関心事が書かれているはずだ。得られた知見や残された課題が示されていることもある。このように,「前」「後」を読めば,その本に書かれていることの半分ぐらいは理解できるはずだ。その後,目次をたどっていけば,内容理解はもう少し深まるだろう。

第2は,「パラパラ読み」である。本を最初から最後まで,ページを繰っていくのだ。一文ずつを読む必要はない。自分のペースで1ページずつ目を通していく。その途中で,何か自分のアンテナに引っかかったなと思ったら,そこを少し丁寧に読んでみる。意外と,そういうときに,自分の興味関心とマッチするような情報が書かれていたりするものだ。

第3は,「途中から読み」である。心理学の論文の場合,「問題・目的」「方法」「結果」

「考察」という構成になっているものが多い。最初から順に読み始めると，概念定義や理論の部分で，引っかかってしまうことも少なくない。思い切って，「方法」から読み始めるのだ。この部分は，わかりやすいし，ここを理解できれば，その論文が何を追究しようとしているのかが見えてくる。「方法」→「結果」→「考察」と読み進め，最後に「問題・目的」に戻る。こんな読み方も可能である。「結論」（conclusion）が記述されている論文だったら，そこから読み始めてもいい。最も主張したいことが書かれていることが多いからだ。こんなふうに柔軟に読むことも，ときに大切である。

第4は，「積ん読」である。買った本やコピーした論文を，積み上げておくことだ。読まないのに，意味があるのか。そんな疑問をもつ人もいるかもしれない。でも大丈夫。後になって，読みたいと思うことが出てくることもあるだろう。レポートを書いている途中で，参照する必要が出てくることもあるだろう。自分の興味関心の網に引っかかったものは，手元に置いておくと，いつか役立つことがあると思ってよいのだ。

こんなふうに多くの本や論文に親しみ，自分の審美眼を鍛えてほしいものである。

批判的思考

他人が書いた本や論文の真贋（しんがん）を見極めるのは大事なことである。学問の審美眼が備わってきたら，批判的なまなざしも鋭くなってくるはずだ。それに加えて，自分の思考プロセスを自ら検証することも重要である。自分が何を考えているのか，自分の考え方が正しいかどうかなどを自分自身の力で検討するのだ。こうした働きは，心

理学ではメタ認知と呼ばれる。「メタ」とは，「高次の」という意味だ。ここでは認知についてのより高い次元での認知を指す。自分の認知状態についての認知ということである。

　レポートは，自分が読んだ本や論文の内容を理解し，それにもとづいて自分が考えたことを書くものだ。書いている途中で，うまく筋が通らなかったり，次の文章が思い浮かばなかったりすることがある。そういうときは，たいてい，自分の理解が十分でないことが多い。そのことを自覚するかどうか，そこが分かれ道となる。「書けない，書けない」と思い悩んだりしているだけでは，次に進めない。なぜ書けないのか，その原因を突き止める必要がある。そのときに必要なのが，メタ認知なのである。十分に理解していないところがあれば，それを補うような資料を集めてこないといけない。不足している資料があれば，それを探し出してこなければならない。何をどうすれば，次に進めるのか。自分の頭の中を冷静に見つめる必要がある。

　レポートを書くという作業は，次のように表現できるだろう。ここにレポートを書いている自分がいる。その自分をちょっと離れた場所から見ている，もう1人の別の自分がいる。頭の中に，こんな2人の自分がいて，いつももう1人の自分と対話しながらレポートを書いていくのだ。

　こんなふうに，自分の思考プロセスを自分で検討するには，高度な認知能力を必要とする。発達的にいえば，ピアジェが述べている形式的操作期に入らないと，それは難しい。大学生だったら，十分にその段階に達している。他者の思考プロセスだけでなく，自分の思考プロセスをも反省の対象とする。それが十分できるのが大学生であり，学問を学ぶということなのだ。

メタ認知という点から見れば、レポートの第一読者は自分自身ということになる。レポートの書き手としての自分と、読み手としての自分がいる。読み手としての自分は、書かれた文章をチェックして、これでいいかどうかを判断する。レポートの筋は通っているか、使われている論文や本は適切か、文章や語句に間違いはないか。点検するポイントは、たくさんある。レポートを書きながら、その一つひとつを的確にチェックしていくことが求められる。レポートとは、本来的にはそうした判断をしながら書き進められていくものなのである。

このようなメタ認知を活用した批判的思考は、一朝一夕に身につくものではない。多くの本や論文を読み、学問の作法を身につけていくことが、その土台になる。だからたくさんの本や論文を読む必要があるのだ。

書き上がったレポートや書いている途中のレポートを、先生や先輩、同級生や後輩に読んでもらうのもよい。そこで、いろいろな意見をもらい、修正や加筆をおこなう。そういった他者からの建設的な批判も、役に立つことがあるのだ。

このように、自らの批判的思考と他者からの批判的思考が交差するところに、良質なレポートが生まれるのである。

相対化してみる

共同研究をしている仲間から聞いた話である。adolescence（青年期）という単語が入っている海外のジャーナルに論文を投稿したときのことだ。論文の調査対象は、大学生だった。投稿後、すぐにエディターから、こんなメールが入ったそうだ。「大学生は青年期に

は含まれないので，うちのジャーナルの範囲外です」。投稿論文は，その時点で即刻リジェクト（不採択）となってしまったという。アメリカでは，青年期は高校生（18歳）までを指すのである。

　日本では，大学生が青年期に含まれると，常識的に考えられている。日本青年心理学会でも，大学生を対象とした研究発表や論文が多く見られる。1970年代後半には，青年期が30歳まで延長しているという説まで唱えられている（笠原，1977）。

　このように「adolescence」は「青年期」であるが，それが意味するところはアメリカと日本とでは大きく違う。英語を日本語に置き換えただけでは，正しい理解は得られないのである。どちらが正しいとか，どちらが間違っているということではない。他方で，「adolescence」と「青年期」の内包（概念に含まれる意味・内容）が異なるのも事実である。どちらかを絶対化せず，相対化して捉える視点が重要である。

　もう一つ別の例を挙げてみよう。小学生と聞いて，どんな子どもを思い浮かべるだろうか。日本では，6歳になると小学校に入り，6年間を小学校に通う。ところが，国によっては，イギリスのように5歳から小学校に通うところもある。義務教育という点では同じだが，小学校でも落第制度が存在している国もある。私が大学教員になってから研究留学したベルギーでは，小学生にも落第があった。とても厳しいらしく，留学先の先生は，Water fall（滝のように落ちる）と，評していた。

　日本の場合を歴史的に振り返ってみよう。1886（明治19）年に小学校令が出されて，法制上，就学の義務が定められた。当時は，尋常小学校（3年），高等小学校（4年）だった。尋常小学校が6年の課程になるのは，1907（明治40）年のことである。

このように，同じだと考えられているものが，国によって異なることが実はある。同じ国においても，異なる時代では，今とは異なることがある。こう考えてみると，レポートで取り上げようとしているテーマについて，詳細に検討する必要があることに気づく。地域や文化，歴史や時代などの条件や状況を押さえて，調べなければならないのだ。

　ある特定の時代において，特定の条件下で起きた出来事を絶対視してはいけない。常に，相対的に考える姿勢が求められるのである。そのときに基準となることが二つある。一つは，地域や文化の違いに着目するという横への広がりである。もう一つは，歴史や時代の違いに着目するという縦への広がりである。こうした横軸と縦軸のなかで，自分が取り上げようとするテーマを位置づけてみると，自分のテーマの新しさが見えてくるはずだ。是非，一度試みてほしいものである。

文　献───────────
笠原嘉（1977）．『青年期──精神病理学から』中央公論社
ハラルト・シュテンプケ（1987）．『鼻行類──新しく発見された哺乳類の構造
　と生活』（日高敏隆・羽田節子訳）思索社

CHECK POINT ☑

- □1 学問は真理を追究することだが,人間の認識は誤ることがある。どんな情報でも,それを鵜呑みにしてはいけない。
- □2 直線的な因果関係はわかりやすく強いメッセージとなるが,そこにはいくつもの影響し合う要因が潜んでいることに注意が必要である。
- □3 わかっても,わからなくても,とにかく大量に読むことで,少しずつ見えてくることがある。一つの本や論文を読んだら,次にその内容を補強するような本や論文,反対意見や疑問を提示している本や論文を探して,読んでみよう。
- □4 たくさんの資料をあまり時間をかけずに理解するには,四つの読み方がある。①「前後読み」,②「パラパラ読み」,③「途中から読み」,④「積ん読」である。
- □5 レポートの第一読者は自分自身である。メタ認知を使って,自分の思考プロセスを自ら検証する批判的思考を身につけよう。
- □6 ある特定の時代において,特定の条件下で起きた出来事を絶対視してはいけない。地域や文化,歴史や時代などの条件や状況を押さえて,相対的にみてみよう。

第3章 徹底的に調べる

調べることの大切さ

　新聞を読んでいて，意味のわからない単語や読めない単語に出会う。そんなとき，あなたはどうするだろうか。それを読み飛ばしてしまうのも，一つのやり方だ。でも，それではいつまで経っても，知的な向上は望めない。そんなとき頼りになるのが，辞書である。読めるけれど意味がわからない単語だったら，国語辞典を引けばよい。電子辞書でも構わない。読めない単語だったら，漢和辞典で調べられる。部首や音訓，総画数を手がかりにすることになる。そうやって調べた単語は，自分の語彙になる。1日一つだったとしても，毎日積み重ねれば，長い年月の間には相当の数になる。語彙数が増えれば，多様な文章表現ができるようになっていく。

　こんなふうに，わからない単語があるたびに，それを調べることを繰り返す。そうすると，それが習慣化していく。わからないことをそのままにしておくと，なんだか気持ちが落ち着かなくなる。そうなれば，しめたものである。あなたは，相当の知りたがり屋になっているはずだ。

　調べたことを，そのままにしておかないのも大切である。辞書は

手元にあるので，何度でも調べられるが，できれば内容を頭の中に留めておきたいものだ。そのためには，重要だと思う内容を手帳などに書き留めておくのがよい。辞書で調べるときには目を使い，それをメモするときには手を使う。二つの異なる機能を使えば，その分，記憶に残りやすくなる。忘れたとしても，手帳を開けば，そこに書いてあるから安心だ。

　専門分野の用語について調べるには，専門的な辞書が必要になる。大学の図書館にも，専門的な辞書が備えられていることが多い。たいていの辞書は，貸出不可になっているはずだ。利用するには，その度に図書館に行かないといけない。時間もかかるし，誰かが先に使っていて，すぐには利用できないかもしれない。できれば自分専用のものを1冊手元に備えておきたいものだ。どの辞書がいいのか，先生や先輩のアドバイスを受けてみたらいい。学生時代，私は古本屋で買った心理学の辞書を愛用していた。大学教員になってからも，授業の準備などで随分とお世話になった。

　わからないことを調べるには，辞書以外のものもいろいろ利用できる。近頃は，辞書を引く代わりに，ネット検索する人も少なくない。私のゼミでは，最近，スマホ（スマートフォン）が大活躍だ。わからないことがあれば，誰かがすぐにスマホで検索。指導教員の私も，それに加わる。あっという間に，統計資料やpdf化された論文が見つかったりする。わからないことが，「来週のゼミまでに調べてくる宿題」とならない。その場で，疑問が解決されるのはとても便利である。

　このようにネットを使っての検索は有効だが，考えなければいけない点もある。二つの単語を入れて検索するとき，その順番を入れ替えると，検索結果が違うことがある。少し時間を置いて，検索し

てみると,先ほどトップにあったものが,入れ替わっていることもある。ネットでの検索は,不安定さをともなっているのだ。こうしたことを十分に理解していれば,ネットは有力な手がかりを与えてくれるものとして機能するだろう。

学問の世界では,データベースもさまざまな情報を提供してくれる。本や論文の書誌情報(著者,本や論文のタイトル,出版社,雑誌名,発行年,掲載頁などの情報)を手軽に調べられる。日本で発行されている本や雑誌ならば,CiNiiで調べられる。Google Scholarも同じような検索ができる。こちらは外国の文献まで検索可能だ。いくつかのデータベースを並行的に利用して,可能なかぎり多くの情報を集めるのがよい。

とにかく,疑問に思ったら,それをそのまま放っておかない。わからないことをそのままにせず,すぐに調べる。そうした姿勢が,あなたの知的好奇心をさらに高めることになるだろう。

調べまくる・集めまくる

何ごとも徹底してやることが重要だ。学問の世界では,とりわけそうした態度が求められる。「誰々が通った後は,ぺんぺん草も生えない」と,まことしやかに囁かれることがある。その人が,一から十まですべてを研究し尽くすので,何のテーマも残らないということらしい。研究も,そこまでやれば完璧である。

レポートを書くときにも,資料の収集には十分な労力をかける必要がある。時間をかけるだけでなく,できるだけ多くの資料を集めるように心がけるのだ。本や論文を調べる際に,徹底して網羅的にやるのがよい。「網羅」とは,二つの網のことである。「網」とは,

魚を捕る網を指し,「羅」とは,鳥を捕る羅を指す。この二つの網を駆使して,魚も鳥もすべて捕り尽くすのである。魚も鳥も捕り尽くしてしまえば,何も残らなくなる。実際にそうなっては困るが,意気込みは大事である。

　最初は,1冊の本や一つの論文を読むことから始めよう。次に,その著者が,他の本や論文を書いていないかどうかを探すのだ。大学や近くの図書館に所蔵されているかどうかを確かめる。CiNiiで検索してみる。その他のデータベースで検索する。近くに大きな書店があれば,出かけて行くのもよいだろう。こうして複数のツールを用いて調べると,それだけ多くの情報が集まるはずだ。

　調べる作業は,これで終わりではない。本や論文の末尾には,引用文献や参考文献のリストが付いている。そのなかから,面白そうだと思ったり,重要そうだと思ったりしたものがあれば,それらをメモしておく。そのリストも貴重な情報となる。

　こうして,最初は少なかった情報がどんどんと増えてくる。「網羅」にかかってくるわけだ。次は,このような情報をもとに,実物を探し出して,読んでいくことになる。本だったら,図書館で借りたり,自分で購入したりする。論文だったら,大学図書館の相互貸借サービス（NACSIS-ILL）を使って,文献複写を依頼する。資料現物の貸借も可能だ。日本国内の大学図書館に所蔵されていれば,どんな資料でも入手できる（複写料金や郵送料金が必要）。こんなふうにして,人の手を借りたり,便利な制度を利用しながら,資料を集めていくのである。

　最近はネット上でも,pdfファイルになった資料が手に入る。それで済ませてしまう人もいるようだが,要注意だ。なぜなら,そのような資料は,全体のごく一部だからである。大部分のものは,電

子化されていないと思っていい。そのなかに，隠れた重要な資料が潜んでいることがある。あらゆる資料を網羅的に調べないと，そうした宝には行き着けない。とにかく，探して探しまくることが肝心なのだ。

　こうした資料の収集に限らず，常日頃から，徹底して調べるという態度を身につけるようにしよう。折に触れて，辞書を引くというのも，その一つだ。たとえば「社会」という単語は，明治期に，英語の society を翻訳してつくられたものだ。和英辞典で，「社会」を引くと，society; the world; the public; a community と書かれている。類語辞典を引けば，「世間／世の中／世／社会／世界」とある。共通する意味は，「人が他と関係し合いながら生活する場」と書かれている。このように，和英辞典や類語辞典を一度引くだけで，「社会」という言葉のイメージが広がっていくのだ。福沢諭吉は，society を「人間交際」と訳したそうだが，そこに近づいていくのがわかるだろう。

　作家の司馬遼太郎は，新しいテーマの本を書く前に，東京神田の古書店で資料を集めまくったそうだ。その類いの書籍が神田一帯からなくなったかどうかは定かではないが，その量は半端ではなかったらしい。そこまではいかなくても，ミカン箱大の段ボール箱に資料を集めてみよう。そうすれば，それなりのものが書けそうな気がしてくるかもしれない。大事なのは，その意気込みである。とにかく，網羅的に資料を集めてみよう。

情報を取捨選択する

　しばらく前から，「断捨離」という言葉が流行っている。要らな

いゴミと大切な物を区別しよう。思い切って捨てて、シンプルな暮らしをしよう。そんな主旨である。確かに、便利な物や新しい物が出てくると、ついつい買ってしまったりする。いろいろなところで、景品やお土産でもらったりすることもある。目の前にあるペン立てを見ると、シャープペンシルやボールペンが何本も入っている。なかには書けなくなったものもあるが、何となく捨てられない。そのままにしておくと、いつのまにか数が増えてくる。そんなときに、思い切った断捨離が必要なのだ。

　そうした考え方は、レポートを書くときにも、通じることだ。「網」と「羅」を使って、大量に集めた資料は、そのすべてがレポートに使えるというわけではない。苦労してせっかく集めた資料だから、全部使いたい。そんなふうに考える人もいるかもしれない。そういった思いもわからなくはないが、それはやめたほうがいい。資料を取捨選択すべきなのだ。実際にゴミに出して捨て去るわけではないが、ときには資料を思い切って捨てないといけないのだ。

　100の資料を集めたとしたら、10だけ使ってレポートを書くぐらいがいい。それだったら、10の資料を集めて、それで10の分量のレポートを書けばいい、と思う人もいるだろう。その考えはダメ。なぜなら、レポートの厚みが違うからだ。100集めた人の頭の中には、レポートに使わなかった90の資料が入っている。それが、無形の資料として、レポートの厚みに加わるのだ。100対10。10倍の厚みということになる。

　このように、レポートを書く基本は、たくさん読んで、たくさん捨てていくこと。そのとき、どれを残し、どれを捨てるかは、自分で筋を決めないといけない。もしかすると、ときには大事な資料を使わずに捨ててしまうかもしれない。でも大丈夫。段ボール箱の中

に実物は残っているのだから，気づいたときに取り出せばいい。ときには，そういった失敗もあるかもしれないが，それも勉強の一つだ。いつでもすぐに探せるように，自分なりのインデックスを付けて並べておくとよい。著者のアルファベット順でも，発行年順でも，自分で工夫してみると，整理の仕方もわかってくる。失敗も経験しながら，そうやっているうちに，資料を見る審美眼は養われていくだろう。

　レポートのテーマに関して，一つの事象をめぐって，複数の異なる観点が提示されることがある。何人もの研究者が，それに関与していて，違った意見を述べているような場合だ。そういう場合，資料は異なる立場の数に比例して多くなる。収拾がつかないくらいになるかもしれない。そうしたとき，どんなふうに整理をしていけばいいのか。それも，自分の問題関心次第だ。いかようにもレポートの筋を立てることができる。

　問題関心をA，B，C，Dと列挙していって，それらの関係性を整理するというのも一案だ。Aを中心にまとめて，BやC，Dについては簡単に触れるという手もある。書き方次第で，レポートで言及する資料の数も変わってくる。いずれにしろ，すべてを使うのではなく，取捨選択が求められる。

　使わなかった資料は，永遠に段ボール箱の中に留まるのか。そうなることもあるかもしれないが，そうでないかもしれない。先ほどの後者のレポートだったら，BやC，Dについては，未使用の資料がまだ残っている。それを使って，もう一つ別のレポートを書くという手もある。Aからのアプローチではなく，それ以外のBからのアプローチで，テーマに迫っていくのだ。そんなことをやってみると，苦労して集めた資料に日の目が当たることになる。集めた資

料を捨てる勇気も必要だが，捨てた資料を使い切る工夫も求められるのである。

インプットなくしてアウトプットなし

　ベルギーに留学したとき，一番困ったのが言葉の問題だった。留学先のルーヴァン大学は，オランダ語圏である。駅のアナウンス，新聞，大学の掲示など，日常接するものがすべてオランダ語なのだ。私は，オランダ語がまったく話せない，読めない，書けない状態である。とにかくお手上げだった。住んでいる人は英語を理解できるので，暮らしていくには何とかなった。困ったのは，一緒に連れて行った娘の幼稚園のことである。幼稚園から，「来週には〜を持ってきてください」というようなお手紙をもらう。それがすべてオランダ語で書かれてある。書店で買った蘭英・英蘭辞典を頼りに，解読する日々が続いた。そのとき，日本語を話せない外国人旅行者の苦労が身に滲みて感じられた。

　当たり前だが，知らない外国語は話せないし，読めないし，聞き取れない。頭の中に，その外国語についての知識や言語体

系がインプットされていないからだ。それでも，勉強していけば，片言で話せるようになる。努力すれば，そのうち辞書を引き引き読めるようにもなる。大学生なら，第2外国語の授業で，多かれ少なかれ，そうしたことを経験しているはずだ。

　語学に限らず，学問においても，インプットが大事である。心理学の歴史で，精神物理学（psychophysics）が登場した。私も学部生時代，基礎実験の授業において，精神物理学測定法で，2点弁別課題をやった（第1章参照）。心理学と物理学は，1文字しか違わないが，まったく異なる学問である。私は，心理学の本ならば，内容を理解することはできる。心理学者だから，当たり前といえば，当たり前だ。では，物理学の本だったらどうだろう。日本語で書いてあっても，中身はちんぷんかんぷんだ。なぜなら，私の頭の中には，物理学の知識や体系がインプットされていないからだ。はるか昔，高校生のときに，何とかの法則とかを習った微かな記憶があるだけだ。

　それぞれの学問の世界には，固有の学術用語（テクニカルターム）がある。外国語を勉強するときには，単語を一つひとつ覚えていく。それと同じように，学術用語を覚えなければいけないのだ。「学習」は，心理学でよく使われる基本的な学術用語である。日常的には，校外学習や学習塾のように，勉強という意味で使われる。ところが，心理学における「学習」は，それとはかなり違った意味になる。

> **学習**　個体発生過程において，経験により比較的永続的な行動変化がもたらされること，およびそれをもたらす操作，そしてその過程。　　　（『心理学辞典』有斐閣）

専門的な学問の勉強は，こうした学術用語を一つひとつ学ぶとこ

ろから始まる。外国語の勉強に準(なぞら)えれば、学問の理論や知識体系は文法に当たると言えるかもしれない。いずれにせよ、地道な勉強を続け、インプットを増やしていかなければならない。そういう努力を続けることで、レポートを書く準備が整うのである。最初は、「片言」で、「文法」の間違いもたくさんあるレポートしか書けないかもしれない。それでも、インプットを積み重ねることで、アウトプットの水準は向上していくのである。

　このように、インプットなくして、アウトプットとしてのレポートは書けない。それは、材料がなければ料理がつくれないのと同じである。どんなにすばらしいキッチンや料理道具が調(ととの)っていても、それだけではダメである。肉や魚、野菜や果物、各種調味料。料理をつくるには、そうした材料が必要なのだ。もちろん、料理の腕前によって、つくられる料理は、美味(おい)しかったり、まずかったりする。それでも、練習を重ねていけば、それなりに上達していくはずだ。

　レポートを書くには、そのためのインプットを心がけよう。自分が専門としている学問分野について研鑽を重ねるのはもちろんである。それ以外にも、常日頃から、自分の知的なアンテナをピンと張って、いろいろなことを吸収しよう。それもインプットとして、重要である。きっと、いつか役立つに違いない。

丈夫な野菜づくりは土づくりから始まる

　生態学者の宮脇昭氏は、世界中に木を植えてきた。絵本の『木を植える男』を地で行く活動だ。砂漠に木は育たないと、普通考えられている。彼は、いろいろな工夫をしながら、砂漠にも苗木を植えてきた。それが、時間とともに大きく育ち、砂だらけの荒れ地が緑

の大地に変わっていく。植林は，50年，100年の単位で，考えないといけない活動だ。遠い将来を見通して，地道な活動が続けられていく。

　植物が育つには，水と太陽と土が必要だ。肥沃な土地では，植物は早く生長し，大きくなる。だから，土壌づくりが植物栽培には欠かせない。元肥を入れたり，追肥をしたり，寒肥をやったりする。水も大事だが，水やりだけでは育たない。野菜や米，麦を育てるには，土作りを入念にする必要がある。

　同じようなことが，レポートにも言える。レポートを書くためには，テーマに関係した本や論文を読むことが不可欠である。インプットがなければ，アウトプットできないからだ。それに加えて，日常的に読書することも重要だ。読書は，本にかぎらない。活字に触れる体験は，新聞や雑誌，ネットなど多様である。文字化された情報をいつも追いかける，そうした習慣を身につけたいものである。こうした広い意味での読書は，植物栽培の土壌づくりに通じるものがある。荒れた土地には，草木が繁茂しにくい。生長するための栄養分が足りないからだ。レポートの花を咲かす土壌を豊かにするために，読書の習慣は欠かせないものとなる。

　読書は，取っつきやすいものから始めるといい。私が，大学1年生の基礎演習の授業で勧めていたのが，新書の講読である。新書ならば，比較的手に入りやすいし，安価である。初心者向けに書かれたものが多いので，読みやすい。頁数もあまり多くないので，少ない時間で読める。小さいので持ち運びも便利で，通学の際の電車の中でも読める。こんな利点のある新書を読むように勧めるのだ。ただ勧めるだけでは読まない学生もいる。授業だから，レポートを課す。「新書を1冊読んで，感想を500〜600字にまとめる」。こうい

う課題を出す。30人の授業ならば、30冊の新書の感想が揃う。そうしたら、それを3〜4人のグループで、発表し合うのだ。自分は1冊しか読んでいない。それでも、発表し合うことで、他のメンバーが読んだ本の内容も知ることができる。

　1冊読んだら、もう1冊。そんなふうに考えてみるのもよい。自分の目標を立てるのもよい。1カ月に1冊読んだら、1年間に12冊になる。1週間に1冊だったら、50冊ほどになる。自分でペースを決めて読んでいけば、その成果が積み上がっていくわけだ。

　このような日頃の読書は、レポートを書くときの土台となる。人間の身体ならば基礎体力、植物ならば土壌の質である。それは、教養ともいうべきものである。教養は、なるべく幅広いものがいい。自分が勉強している専門分野に限らなくていい。興味をもったら、手に取って読んでみるのだ。第2章で紹介した、「前後読み」「パラパラ読み」を活用すると、効率的に読めるだろう。面白いと思ったテーマをさまざまな分野から読むのは、「乱読」である。心理学→比較行動学→進化論→優生学といったように、どんどんとつながっていくかもしれない。浮世絵→ジャポニズム→比較文化→ヨーロッパ史といった発展もあるかもしれない。

　こうした教養を山に喩えると、富士山が理想になりそうだ。標高3776メートルの富士山は、日本一高い山である。遠く離れた場所からも、その姿を見ることができる。それだけでなく、富士山は裾野も非常に広い。広い裾野が高い富士山を支えているのだ。日頃の読書は、裾野を広げることで、山を高くする。こんなふうに、横にも広く、縦にも高ければ、その分、レポートを書くときにも役立つだろう。

ネット検索を活用する

　本章の最初でも述べたが，便利なネット検索には気をつけないといけない。ネット検索に頼りすぎると，大事な情報を見失うことがあるからだ。検索の語順が変わると，結果も変わったりする。時間を置いて検索するたびに，上位の順位が変わったりする。そういうこともあるのだと，理解して使う分には，ネット検索は便利なツールだ。くれぐれも，検索結果を絶対視しないことだ。このことには，注意しよう。

　そうしたネットの落とし穴を認識していれば，これほど使い勝手のよいものはない。ネットに接続したパソコンの前にいるだけで，世界中の情報にアクセスできるからだ。誰でも使えるものをあらためて紹介しておこう。

　文献情報を検索するには，CiNii, Google Scholar, Webcat Plus が使える。いずれも，キーワードを入れて，文献情報を検索できる。ポイントとなるのは，どのようなキーワードを入れるかだ。たとえば，中学生になると不登校の生徒がなぜ増加するのか，を調べたいとする。検索する際に，「中学生」と「不登校」を入れるというのは，誰でも思いつくことだ。そうしたキーワード検索でも，一定の文献がリストアップされる。問題は，それで終わりにしてしまうかどうかだ。「不登校」の代わりに，「登校拒否」や「学校嫌い（学校ぎらい）」を入れてみる。すると，ちょっと違う結果が出てくるだろう。「中学生」の代わりに，「思春期」を入れてみたら，やはり違う文献を探すことができる。そんなふうにして，キーワードを少し替えるだけで，検索結果は変わってくるのだ。それだけ，別の情報

にアクセスすることができるようになる。

　どんなキーワードを入れて検索すれば効果的かは，ある程度経験を積むことでわかってくる。試行錯誤することも，ときには必要だ。ネットでの検索は，すぐに結果がわかるので，何度も試してみるとよい。何度もやっていれば，そのうちにキーワードの入れ方のコツがつかめてくるはずだ。

　CiNii や Google Scholar は，誰でも使えるので，近頃は，ゼミのレポート発表でもよく使われている。気をつけないといけないのは，前述したように，すべての文献情報がネット上で検索できるわけではないことだ。論文に関しては，本文が pdf ファイルになっていないものも相当ある。学生のなかには，ネットで検索して，pdf ファイルになった論文だけをリストアップする者がいる。すぐに手に入る論文だけ読んで，それでよしとするのだ。これでは，ダメである。ネットに掲載されていない場合は，必ず論文そのものを入手して，読まないといけない。学会誌に掲載された論文であれば，査読制度があり，編集委員会の審査を経て掲載されている。論文の形式や内容に関して厳密な審査がおこなわれ，科学論文として認められたのが学会誌の論文だ。それだけ論文の水準が高いといえる。レポートを書くときには，そうした論文にも目を通しておくことが求められるのである。

　このような学術情報検索以外にも，新聞記事や雑誌記事データベースがある。大学図書館や公共図書館で記事検索をするとよい。

　いろいろなデータベースを駆使して，さまざまな情報にアクセスする。これは現代的な情報収集のやり方だ。長所と短所を十分に見極めて使えば，こんな効率的なものはない。十分に使いこなし，習熟するように，努力してもらいたいものである。

誰でも使えるネット検索
CiNii Articles（論文）
Google Scholar（論文ほか）
Webcat Plus（書籍ほか）
聞蔵Ⅱビジュアル（朝日新聞）
ヨミダス歴史館（読売新聞）
NDL-OPAC（国会図書館・雑誌記事）

CHECK POINT ☑

- □1 意味のわからない単語や読めない単語に出会ったら,読み飛ばさず,調べる習慣を身につけよう。
- □2 資料は徹底して網羅的にたくさん集めよう。そして,情報を集めたら取捨選択しよう。100の資料を集めたとしたら,10だけ使ってレポートを書くぐらいがいい。
- □3 情報の取捨選択が,レポートの筋を立てることにもなる。A,B,C,Dと列挙していって,それらの関係性を整理するというのも一案だ。Aを中心にまとめて,BやC,Dについては簡単に触れるという手もある。
- □4 情報を捨てるとき,いつでもすぐに探せるように,自分なりの整理をしておくとよい。捨てた資料を後で使い切る工夫も求められるのである。
- □5 文献情報を検索するには,CiNii,Google Scholar,Webcat が使える。
- □6 すぐに手に入る情報でよしとせず,必ず論文そのものを入手して読もう。学会誌に掲載される論文は査読制度があり,厳密な審査がおこなわれ,科学論文として認められた水準の高いものといえる。

第2部 考える
Construct

第4章　コンセプトを明確にする
第5章　柱立てをつくる
第6章　論理の一貫性を大事にする

第4章 コンセプトを明確にする

頭の中を整理してみる

　情報を集めたり調べたりした後には，それを整理する必要がある。そのための方法の一つがKJ法である。KJという名前がついているので，外国語のように思えたりする。何のことはない。考案者の川喜田二郎氏の名前の頭文字を用いているのだ。

　複数の人たちが集まって，新しいアイディアを生み出すときも使うことができる。いろいろな場面で利用可能である。是非一度試してみるとよい。特に，レポートを書くときには役に立つ。

　出されたレポートのテーマを確認するところから始めよう。今回は，「地球の温暖化を引き起こす要因とそれへの対策について述べなさい」である。そこで，「温暖化」というキーワードから，自分が思い浮かべるものを一つひとつ書き出していく。何も思い浮かばなかったり，数個で終了になったりしたら，インプット不足だ。ただちに本や論文を探して，手当たり次第に読まないといけない。「インプットなくして，アウトプットなし」だからである。

　ちなみに，私も連想ゲーム風にキーワードを挙げてみた。すると，こんな感じになった。それらを小さなカードに1枚に一つずつ書い

ていく。

> エルニーニョ現象　暖流・寒流　オゾンホール
> 化石燃料　省エネルギー　電気自動車
> ヒートアイランド　熱中症　冷夏　環境省
> 気象庁　気象予報

　これだけの情報では，レポートを書くことはできない。さらに準備が必要だ。そのことが，自分でも自覚できる。それが目に見えるのが，KJ法のよいところである。

　実は，KJ法はここで終わりではない。ここは，まだ序の口。第1段階は，こんなふうに頭の中にあるものをすべて出し尽くすことだ。そのとき，自分でも足りないなと思ったら，さらにインプットを加えていく。行ったり来たりしながら，レポートに関する情報を集めていく。それをカードに書いていく。それらが，一定程度の量になったら，次の段階に入るのだ。

　第2段階では，カードを並べていく。そのとき，似ているものを

同じ山に載せていく。じっくり考え込んでしまうと，なかなか進まない。自分の感覚を大事にして，似ているなと思ったら，同じ山に載せる。一度並べ終えたら，それで終わりではない。それぞれの山をもう一度確認してみる。ちょっと違うな，と思ったら，別の山に移してもよい。いくつの山に分けないといけないというルールはない。100枚のカードが10の山でも，20の山でも構わない。そんなふうにしておおよそまとまったら，その次の段階だ。

　第3段階は，それぞれの山に名前をつける。似たものが集まっているはずだ。それらに共通するものを探せばよい。名前がついたら，今度は山同士で，内容が近いものを寄せていく。10の山が，三つのグループになったりする。そのグループにも名前をつけて，マルで囲む。それを白紙に書き写して，これでKJ法は終了。

　ここでは，KJ法のやり方の大筋を紹介した。KJ法の詳しいやり方や応用については，章末に挙げた『発想法』『続・発想法』を読んでほしい。

　KJ法では，ボトムアップ的に自分の頭の中を整理していく。頭の中から出てきた言葉を目の前のカードに書いて，それを並べる。これは，図式化してみるということだ。頭の中にインプットされたものは，そのままではまだ整理されていない。この段階でレポートを書こうとしても，うまくいかない。道路地図もカーナビもないまま，ドライブしようとするようなものだ。行き着く先も見えないので，頓挫することは明白。

　そこで，KJ法を使う。自分の頭の中を自分の目で確認できるような形に表すのだ。100枚のカードを10の山，三つのグループに整理すれば，構造化されたことになる。それを手がかりに，レポートに取りかかる。そうすれば，どのような順番で書いていくか，そ

の筋も見えてくるはずである。

伝えたいことを明確化する

「言語明瞭,意味不明」。国会答弁を,こんなふうに揶揄された政治家もいた。話し言葉は,聞いているだけだと,すぐに消えていく。その場では,何となくわかったような気分になっても,後で思い返してみると何が言いたかったのかわからない。そんなことも,日常では往々にしてよくあることだ。話している言葉を文字に起こしてみると,案外筋が通っていないことがある。私も,自分の講演録のテープ起こしの記録を読んで,そういう経験をしたことがある。変だなと思うような箇所もときどきある。そんなところは,自分で手を入れて修正していくのだ。

文字として書かれた文章の場合,そうはいかない。紙の上に書かれた文章は,何度も繰り返して読める。わからない言葉があれば,辞書で調べることもできる。レポートを読むのは,授業をしている先生だ。その道のプロである。経験も豊富だ。さっと読んだだけでも,ふふんとわかってしまう。ときには,時間をかけて,チェックしながら読んだりもする。何が言いたいかがはっきりしない文章は,すぐに見破られてしまうのである。気をつけないといけない。

そこで重要なのは,レポートで伝えたいことや主張したいことを明確にすることである。それがレポートの核心となる。レポートの中心的な問題を自覚することが肝心である。コンセプトのはっきりしないレポートは,いただけない。

料理に喩えて,考えてみよう。ランチでもディナーでもいいが,多国籍料理のバイキングに行ったとする。評判のレストランだった

ら，あれもこれも食べたいということになる。一つのお皿に，刺身とハンバーグを取って並べてみる。どちらも美味しいかもしれないが，同じ皿だと変な感じだ。思い切って，今日は，何風の料理にするかを決めてみる。和風か，イタリアンか，はたまた，中華か。どんな料理でもいいが，初めから最後まで，一つのもので通してみる。和風に決めたら，イタリアンや中華はすっぱり諦める。すると，今日は和風料理を味わった。そんな気持ちになれるはずだ。イタリアンや中華は，次の機会に取っておけばよい。それはそれで楽しみが残る。こんなふうに和風料理で通せば，統一感が出る。最初から最後まで，一つの流れができる。

　レポートを書くときも，同じだ。伝えたいことは，レポートの全編に貫かれていないといけない。最初に，賛成意見。途中で変更して，最後に反対意見。こんなふうに自分の意見を変えているようでは，趣旨が通らない。賛成なら賛成，反対なら反対。どちらでもいいが，それをあらゆる角度から，あれこれと論じていく。レポートとは，そういうものなのだ。

　レポートでは，自分の意見と他人の意見を明確に区分するのも大事だ。どこかの本や論文に書かれていたことを，自分の考えのように書くのはアウト。剽窃（ひょうせつ）と言って，お店の商品を盗むのと同じ。絶対にやってはいけない行為だ。「誰それが，地球温暖化について，こういう見解を述べている。そのことについて，自分もそのように思う。なぜなら，このように考えられるからだ」。レポートでは，このように書くものだ。

　自分の意見は大事だが，それだけではダメである。「私はこう思いました」と自分の考えだけを書き連ねても，それではレポートにはならない。ただの感想文だ。レポートで伝えたいことは，その根

拠が示されないといけない。根拠なき主張は、レポートでは意味をなさない。日常生活でも、同じことが言える。常に、自分が言いたいことがなぜ成り立つのか、その理由に思いを馳せることが重要だ。それが学問を学ぶ姿勢につながる。根拠なき主張は、単なる口げんかか言い争いにしかならない。根拠ある主張は、論争となる。学問における新たな発見の糸口となる。レポートも、その可能性を秘めているのだ。

概念の定義を大切にする

本を読んでいると、似たような概念が出てくることがある。たとえば、自尊心と自己効力は、ともに自分に対する自信を指している。一般的には、自分に自信のある人は、自尊心も高いし、自己効力も高い。日常的な使い方ならば、それでいいのだが、学問の世界ではそれではダメである。それらの用語がなぜ使われるようになったのか、それを理解しておく必要がある。

大事なのは、一つひとつの概念を辞書で調べることだ。

> **自尊感情（自尊心）** '自己'に対する評価感情で、自分自身を基本的に'価値'あるものとする感覚。
> **自己効力感（自己効力）** 自分が行為の主体であると確信していること、自分の行為について自分がきちんと統制しているという信念。 　　（『心理学辞典』有斐閣）

調べても、それぞれの差異がよくわからないかもしれない。そうした感覚も大切にしておこう。勉強が深まってくると、だんだんとわかってくるはずだ。

このように自信に関係する概念が，いくつもあるのはなぜだろう。それは，それぞれの研究者が，独自の概念を使って，自分の理論体系をつくっているからだ。自尊心はローゼンバーグ，自己効力はバンデューラ。そうした研究者の名前がすぐ挙がる。二つの概念は，重なっている部分もあるが，独自な部分もある。それは，それぞれが使われている心理学の文脈が違うことによる。自尊心は社会心理学，自己効力感は学習心理学。それぞれの研究者のおもな研究フィールドは，こういうところだ。同じ心理学でも，人間へのアプローチが異なっている。そこで，独自の概念が必要となるわけだ。

　「なぜ自分に自信がある人がいて，他方で自信のない人がいるのだろうか」。そんな疑問に答えを出そうとしたら，これら二つの概念がその手がかりとなる。辞書で違いを調べたら，次に本や論文を読んでみる。似たような概念の共通部分と相違部分を整理するためだ。きちんと整理すれば，正しい理解が導かれる。

　次は，自分がどの立場から論じるかを明確にすることが大事だ。「自信について，心理学にはどのような説明や理論があるのか」。こんなテーマだったら，自尊心と自己効力感を二つ並べて，比較するだけでもいい。今回の疑問は，そういう類いのものではない。自信がある，なしが出てくる理由を論じないといけないのだ。そこで，自分の問題意識をちょっと考えてみる。自信一般について知りたいのか，特定の領域の自信について知りたいのか。自信が生まれるプロセスを知りたいのか，自信のある人とない人の特徴を知りたいのか。疑問の中身をもう少し掘り下げてみるのだ。その結果によって，二つのどちらに焦点を当てればよいかが異なってくる。

　このように，レポートでは，自分が伝えたいことは，自分の立ち位置と深くかかわる。立場が明確でなければ，グラグラして不安定

だ。ときには、立っていられなくて転んでしまうかもしれない。レポートで用いる概念を明確に定義し、十分に理解する。それが肝心である。概念の背後には、それを用いた理論体系がある。それに依拠すれば、レポートの屋台骨はしっかりとする。それだけ骨太なレポートになることは間違いない。

セールスポイント

　学会誌に掲載された論文には、たいてい要約（abstract）が付いている。論文の冒頭か、あるいは、末尾を探してみよう。要約が見つかるはずだ。日本語の雑誌でも、要約は英語で書かれていることがある。abstractだったとしても、英語の勉強だと思って読んでみよう。本文を読んだ後だったら、英語も理解しやすいはずだ。

　要約とは、その論文の大筋を示したものである。要約の字数は限られていることが多い。そこに、論文の最重要点が盛り込まれている。論文のセールスポイントと言ってもよい。要約を読めば、その論文の大半はわかる。そんなふうに要約は書かれている。

　レポートにも、要約があると読み手には都合がいい。どんなことを書いているのか、最初にわかるからだ。レポートの書き手にも、要約は意味がある。自分が書いたレポートの内容を凝縮しながら、レポートの中身を再点検できるからだ。

　要約は、論文の肝である。力を入れて書いてみよう。短い分量だから簡単だと思うかもしれない。それは大きな勘違いだ。文章は分量が少なければ少ないほど、書くのが難しいものなのだ。レポートを仕上げて、それから要約に取りかかる。そういう順序である。いろいろと頭を絞って、漸く（ようやく）書き終える。だから、「よう

やく」(要約)と呼ばれるのかもしれない。これは冗談。本気にしないように。

　要約は、過不足なく書いたものでないと意味をなさない。レポートの前半部分だけの要約を書いたとしよう。その要約を読んでも、後半部分については何もわからない。こんな要約がダメなのは、誰でもわかる道理である。

　要約を読んだ人が、本文をすぐに読みたいと思う。読み手をそんな気持ちにさせるのは、いい要約だ。だからと言って、羊頭狗肉はダメである。キャッチコピーが素晴らしくても、中身が貧弱なら、化けの皮はすぐ剝がれる。レポートの内容に沿って、要点を書いていく。そうした作業が求められる。

　日本語で400字の要約だとしよう。最初は字数オーバーでも構わない。字数をあまり気にしないで書いてみよう。自分のレポートの優れている点を宣伝する。そんな気持ちで書いてみればよい。優れている点とは、他のレポートでは言及されていないこと、新しい視点や知見などだ。「これがわかった！」と心底思えることがあれば、それを書く。英語だとオリジナリティ、日本語では独自性だ。どんなに小さなことや些細なことでも、そのレポートならではのことがほしい。それがあれば、そのレポートはキラリと光る。ちょっとの光でも、読み手の目に入る。そのことが、そのレポートのセールスポイントになる。読み手の興味をそそるのだ。

　もちろん、要約だけがキラリと光っている論文など存在しない。レポートも同じだ。レポート本文が、しっかりと書き込まれたものでなければならない。そのうえに、優れた要約が成り立つのである。

　漸く要約を書いたら、今度は口頭でも話せるようにしてみよう。30秒もあれば、ずいぶんといろいろなことが言えるはずだ。せっ

かく書いたレポートだから，その内容を多くの人に伝えたい。そんな思いをもつことも大切だ。友だちにでもいい。先輩や後輩にでもいい。「レポートを書いて，こんなことがわかったよ」と伝えてみよう。そんなときに役立つのが，自分が書いた要約だ。レポートの最初から最後まで，その内容が網羅されている。要約を書くなかで，自分の頭の中も整理されている。オリジナリティもバッチリだ。他人に話すことで，レポートを書く楽しさを2倍3倍に味わう。そんな経験もいいものだ。

タイトルに明示する

レポートに記入すべきことは，いくつかある。誰が書いたのか，いつ提出したのか，どの授業のものなのか。そうした情報は，必要不可欠である。私もレポートを受け取った後に，名前が書いてないことに気づいたことが何回かある。時間をかけて書いたレポートなのに，誰のものかわからない。パソコンで書かれたものだと，筆跡も判定できない。著者不明ということで無効ということになる。書いた本人にしたら，後の祭りだ。残念無念なことになってしまう。

レポートを出すときには，気をつけよう。氏名，提出年月日，授業名を忘れずに。それだけではない。レポートのタイトルも必ずつけて，提出しよう。タイトルは，顔のようなものだ。顔の表情には，いろいろなものがある。笑った顔，泣いた顔，怒った顔，苦しい顔，困った顔。そのときどきの表情から，その人の感情がわかる。レポートのタイトルも，本文の内容を表している。

「発達心理学授業レポート」。これもタイトルといえば，タイトルだが，何か素っ気ない。誰が書いても同じだからだ。レポートの内

容を端的に表すようなタイトルをつけるよう心がけてみよう。

　実際，タイトルを考える段になると，意外と難しいものだ。授業のレポートだからと言って，気張った感じにしてみる。「何々の何々に関する何とか的考察」。何となく，それらしいような気もするが，ぴったりこないようにも思える。日常的に，こうした「文語的」な表現に慣れていないので，どうしても不自然な感じになってしまう。だったら，最初は，自分がレポートで言いたいことを，普通の言葉で表現してみよう。話し言葉でいいのだ。「中学生になると，なぜ子どもは親に反抗するようになるのだろうか」。こんな感じで，最初はいいのだ。このタイトルだったら，十分言いたいことは明確である。次は，それを少し硬い文語に変換してみよう。そんなソフトはないから，自分で考えるのだ。「思春期における親への反抗に関する発達心理学的検討――中学生の事例」。これだったら，レポートのタイトルとして，及第点だろう。中身がしっかりと論理展開されていれば，大丈夫だ。

　このように，レポートのコンセプトは，最終的にはレポートのタイトルに集約される。タイトルを読めば，内容が推測できる。そんなタイトルが理想的である。

　タイトルに含まれるべき情報は，次の三つだ。一つ目は，方法である。レポートには，文献を収集整理したものもある。自分でインタビューや質問紙調査したデータをまとめたものもある。どんな方法で，レポートに書いた資料を集めたのか，その方法を示すのだ。そのやり方が，レポートの中心に位置している場合がある。そういうときは，それを書いておくことが望ましい。

　二つ目は，対象である。歴史的にみて，近代とか封建時代というような大きな括りもある。年齢が，子どもだったり，若者だったり

することもある。分析対象とした資料が，重要なこともある。どんな対象について，レポートで論じているのか。必要に応じて，それを記述するのだ。そのことで，分析の対象が明確になる。

　三つ目は，内容である。これは，レポートの最重要ポイントである。何を取り上げて，レポートで論じているのか。オリジナリティや独自性にかかわる事柄である。これは，レポートのキーワードとも重なる。タイトルには，このキーワードを忘れずに入れるようにしよう。

　このように，方法，対象，内容，この三つを組み合わせる。そうやって，レポートのタイトルを決めればよい。そうすれば，そのレポートで何を伝えたいのか，あなたの主張は明確になるはずだ。

自分の頭で考える

　レポートを書くときに，頼りになるのは自分だけだ。自分以外の誰も，レポートを書いてくれるわけではない。もしも誰かにレポートを書いてもらったとしたら，それは大問題だ。そういうことを考える輩(やから)は，即刻退場してもらおう。

　とにかく，自分の頭で考える。それしかない。そのときに，必要なのは，レポートの素材だ。料理でいえば，食材である。どんなに美味しそうなレシピがあっても，材料がなければ料理は作れない。

　まずは冷蔵庫を開けて中を見てみよう。ここでの冷蔵庫とは，自分の頭。冷蔵庫の中にあるのは，ニンジンとタマネギと卵だけ。なんか寂しいかぎりである。それでも，野菜炒めぐらいは作れるだろう。でも，それはとりあえずお腹をいっぱいにするための料理だ。

　材料が足りなければ，買い出しに行かないといけない。買い出し

とは，すなわち本や論文を読んだり，資料を集めたりすることだ。買い物に行って，冷蔵庫に，いろいろな食材が集まれば，美味しい料理を作れる。エビチリを作るために，エビと長ネギ，生姜を買ってくることもできる。そうやって，冷蔵庫の中が食材でいっぱいになれば，作ることができる料理の幅も広がる。「インプットなくして，アウトプットなし」ということだ。

　料理だって，最初から上手に作れるわけではない。味加減を失敗したり，火加減を失敗したりしながら，上達していく。数をこなさないと，何ごともうまくいかない。レポートも，最初のうちは，うまく書けないかもしれない。それは，そうだ。書き方のコツがわからなければ，うまく書けないのは当たり前である。何ごとも，失敗しない人はいない。失敗を恐れることはない。大切なのは，失敗から学ぶかどうかなのだ。失敗してもいい。そこから多くのことを学ぶ。そうした態度が求められるのだ。

　先生によっては，レポートを読んで，丁寧に添削してくれる人もいる。なかには，手厳しくチェックする人もいるだろう。レポートが添削されて，真っ赤になって戻ってくる。そんな経験をしたら，二度と立ち直れな

いかもしれない。でも，そんなときは，ラッキーだと思ったらいい。自分が書いた文章と先生の赤ペンとを見比べてみるのだ。どこをどう表現すればよいのか。そういったことを，先生の赤ペンは教えてくれる。そこから，自分の文章の問題点がわかってくるはずだ。

　レポートを出してしまったら，それで終わり。それでは，大変もったいない。レポートを提出したら，自分で読み返すのも大事だ。今の学生は，たいていパソコンを使って，レポートを書く。レポートを提出しても，手元に原本データが残るのだ。しばらく時間を置いて，そのレポートを読み返してみる。すると，書いているときには気づかなかったことがわかってくる。論理展開の甘さや概念定義の曖昧さが，自分でもわかる。そんな経験をしたとしたら，その分，勉強が進んだ証だ。自分の進歩に，大いに自信をもってよい。

　そうやってときどき古いレポートを読み返す。そこで気づいた弱点を補強するために勉強する。その成果を活かして，レポートを修正したり，加筆したりする。そうした作業を繰り返すことで，知的レベルは向上していく。「千里の道も一歩から」。倦まず弛まず，日々の努力を重ねていこう。

　学問の世界に終わりはない。一つのレポートを提出しても，それですべてが完結するわけではない。そのレポートを見直し，補っていく。そうした知的な営みは，いつまでも続くのだ。そうして，自分の頭で考え続けることが，学びの活動をさらに充実させる。とにかく自分の頭で，考えてみよう。そうやっていくうちに，だんだんわかってくるはずだ。

文　献

川喜田二郎（1967）．『発想法——創造性開発のために』中央公論社

川喜田二郎（1970）.『続・発想法——KJ法の展開と応用』中央公論社

CHECK POINT ☑

□1　コンセプトとは，伝えたいことや主張したいことである。賛成なら賛成，反対なら反対を明確にし，それをレポートの全編に貫くことが重要である。

□2　「私はこう思いました」と自分の考えだけを書き連ねる感想文ではなく，レポートでは根拠ある主張をすべきである。

□3　レポートで用いる概念（コンセプト）について十分に理解すること。似た概念についても調べ，明確に定義し，自分がどの立場から論じるか，を明確にすること。

□4　KJ法とは，ボトムアップ的に自分の頭の中を整理し構造化する方法である。

□5　自分のレポートのセールスポイント（新しい視点・知見やオリジナリティなど）がわかる要約を書いてみよう。

□6　タイトルは「レポートの顔」だ。タイトルには，①方法，②対象，③内容：レポートの最重要ポイント（レポートの最重要コンセプト）を含めること。

第5章 柱立てをつくる

話の筋立てを考える

　オムニバス映画というものがある。ある共通のテーマ設定のもとで，何人かの監督がそれぞれ作品を撮る。それを並べたのが，オムニバス映画だ。たとえば，「別れ」というテーマを考えてみよう。いろいろなアプローチが可能だ。恋人との別れ。大切な人との死別。転校による友だちとの別れ。結婚による家族との別れ。旅行で知り合った人との別れ。こんなふうに挙げていけば，切りがない。それぞれの監督は，自分の視点から映画を撮る。途中で，お互いに相談したりもしない。それぞれが独自に作品を撮っていくのだ。共通しているのは，「別れ」というテーマだけ。その一点で，作品群がつながっている。作風も違えば，趣も違う。3本か4本の短編映画が並んでいるだけ。それがオムニバス映画である。見ている人は，作品が代わるたびに，新たな映画として見ることになる。気持ちを切り換えていくのだ。さまざまな「別れ」を味わうことになる。オムニバス映画には，テーマはあっても，全体を通じた筋はない。

　レポートにも，こうしたオムニバス風のものがある。ある事柄について書いてあっても，全体を構成する部分同士の関係が見えてこ

ない。何かは言いたいのだが、それが伝わらない。このようなレポートは、隔靴搔痒の感がある。たとえば、「高度経済成長と人間」というテーマだったとしよう。一つ目で、その政策をリードした池田勇人首相の人となりを紹介する。二つ目に、その当時、猛烈サラリーマンとして働いた祖父へのインタビューをまとめる。三つ目に、統計資料を示しながら、産業構造の変化について述べる。レポートを構成する三つの部分は、いずれも高度経済成長に関係している。それぞれは興味深い。それなりの力作である。他方で、それぞれの部分が独立してしまっているのだ。高度経済成長という共通項はあるのだが、関係性が見えないのである。試しに、三つの順番を入れ替えてみると、関係性がないことがよくわかる。どんな順番でも、成り立ってしまうのだ。お互いに独立しているから、そういうことが可能になるのである。このようなレポートは、「一生懸命調べて勉強しました」というレベルのものだ。

　オムニバスのレポートはダメである。レポートには、筋が必要なのだ。順序立てて、論じていくことが求められるのである。普段読んでいる小説を思い浮かべてみよう。物語には、始まりがあって、終わりがあるはずだ。それをどう描くか。そのやり方は、多様である。オーソドックスなのは、「発端があり、ことの経緯が説明され、結末が示される」である。「冒頭に結末があり、時間を遡って経緯がわかっていく」という逆パターンもある。いずれにせよ、小説は、順序立てて物語られていくものなのである。

　レポートもまた、順々に論じられなければならない。そうでなければ、筋のない「お話」が続いていくだけだ。筋とは、大雑把に言えば、「はじめ」「中」「おわり」である。レポートでは、「はじめ」は目的であり、「おわり」は結論だ。「中」が本論となる。小説と同

じで，結論が最初にくることもある。まずレポートを書く前にやっておく仕事とは，このような大きな筋立てを考えることである。

また本論の中身も，細分化させ考えていくことが必要である。くれぐれもオムニバスにならないように気をつけよう。和風懐石でも，フランス料理でも，コース料理は決まった順番で出てくる。それが料理の基本である。レポートにおいても，論じる順番を意識してみよう。それがレポートの筋を形づくるのだ。ときには，メインディッシュだけでなく，サイドメニューがあってもいいかもしれない。それも適度であることが肝心だ。サイドメニューが多すぎると，何が何やらわけがわからなくなってしまうからだ。レポートの筋を決めたら，くれぐれも脱線しないようにしよう。そうすれば，最後まで無事に行き着くはずである。

プロットをつくる

家を建てるときには，あらかじめ設計図をつくっておくものだ。部屋の間取り。玄関や台所，トイレや風呂。窓やベランダ。外壁や屋根。いろいろなパーツの詳細を，あらかじめ決めておかなければならない。洋風建築か，和風建築か。全体のコンセプトも大切だ。それらを平面に書き起こしたのが，設計図となる。

レポートを書く際にも，こうした設計図が必要である。それがプロットである。プロットは，次ページの例に示したように，章・節・項の見出しを並べたものだ。ここでは，私が書いた時間的展望に関するレビュー論文の章立ての見出しを示してある。このプロットからは，この論文に関して，次のようなことがわかる。

> ○時間的展望を認知的側面と情緒的側面に分けて捉えようとしている。
> ○概念・構造，研究技法，実際の研究内容の3点から検討している。
> ○最後に，それらを総合してわかったことがまとめてある。

　この論文を書いた当時は，ワープロもパソコンもなかった。論文の草稿は，400字詰め原稿用紙に手書きしたものである。その準備として，文献を読んでは，丸善の文献カードに手書きで書き留めていった。外国語の文献の書誌情報は，大学にあったIBMの電動タイプライターで打った。そうしたカードが100枚以上も集まったところで，KJ法で山をつくっていった。何度か試行錯誤して，その結果をほどよくまとめたのが，ここで示した章立てだったのである。

> プロットの例
> 1. 時間的展望の概念・構造
>   1-1. 概念
>   1-2. 構造
>   （1）認知的側面
>   （2）情緒的側面
> 2. 時間的展望の研究技法
> 3. 時間的展望に関する従来の研究の分類・整理
>   3-1. 認知的側面
>   3-2. 情緒的側面
> 4. 結語

　この論文は，現在に至るまでの私の研究の土台になったものだ。

私にとって，大変思い入れのある論文なのである。結語では，三つの課題が示されている。それらを一つずつ解決していくうちに，30年以上が過ぎてしまった。研究人生というのは，長い道のりだとつくづく思う。

　今から考えれば，アナログ的に書かれた論文だ。何しろ手書きなのだから。それがうまくまとまったのは，最初にプロットをきちんと構想していたからだと思う。プロットが決まれば，その後のことは自ずと定まっていく。プロットに即して，読んだ論文をそれぞれの構成部分に当てはめていけばよいのだ。今だったら，手書きではなく，パソコンのワープロ・ソフトだから，書く作業はもっと楽になっている。ワープロのアウトライン機能を使えば，章・節・項の見出しの階層を作れる。前後に動かすことも，自由自在だ。私も，アウトライン機能を使ってこの本の原稿を書いている。実際のやり方については，第9章で紹介することにしたい。

プロットをつくったら寝かしておく

　「急いては事を仕損じる」という諺がある。あまり焦ると，かえって失敗しやすい。急いでしたことがムダになってしまう。この諺の意味は，こんなところだ。何ごとも，じっくりと構えてやったほうがいい。

　レポートも，提出期日が迫ってくると，落ち着かなくなる。不安になり，焦りも出てくる。エイッとばかりに書き始める。時間がないから，見直しもしない。慌てて提出する。そんな経験はないだろうか。たいてい，そんなときのレポートの出来はよくない。急場しのぎでは，たいしたことは書けないのだ。

「急がば回れ」である。危険な近道を選ぶより，遠くても安全な道を選んだほうがいい。多少遠回りでも，確実な方法を取ろう。そうしたほうが，結局は早く目標に到達できるのだ。焦って汗を搔くより，時間をかけたがほうがいい。

　プロットをつくったら，すぐにでも書き始めたいと思う。その気持ちもわからないではない。「いいプロットができたぞ」。そんなふうに思えたときならば，なおさらだ。「少しでも早く書き始めたい」。その気持ちをぐっと抑えて，パソコンのスイッチを切ってみよう。それから何日かは，そのレポートについて何も考えない。それでいいのだ。レポートについて意識して考えなくても，ときどきいろんなことが頭に思い浮かんだりする。そういったときは，忘れずにメモしておく。そのぐらいでいいのだ。

　あえて時間を置く，その理由は何か。それは，熟成を待つためだ。漬け物を例に考えてみよう。ぬか床にキュウリを入れる。10分後に取り出してみる。まだ漬かっていない。当たり前である。キュウリが漬かるには，ある程度の時間が必要だからだ。夜のうちに準備して，翌朝キュウリを取り出す。今度は，ほどよく漬かっているはずだ。ご飯も美味しく進むだろう。

　出来上がったばかりのプロットは，まだまだ荒削りのものだ。修正すべき点が含まれている。そう考えたほうがいい。何ごとも，一発で完璧なものには仕上がらない。そこで，あえて時間を置くのである。何日か経ってから，プロットを見直してみる。あらためて目を通すと，気づくことがあるものだ。足りなかった点が思い浮かんだりする。順番を入れ替えたほうがいいと感じたりする。それらを直して，第2バージョンをつくってみる。時間を置くことで，そうしたことが可能になる。熟成期間を置くことで，プロットはさらに

よいものになっていく。プロットがほどよく熟成したら、書き始める好機だ。キーボードを打つ指も、軽やかに動くに違いない。

　時間を置くと、新たな気づきがある。それはメタ認知の働きによるものだ。自分のプロットを、他者の視点から見直す。時間を空けることで、それが可能になるのである。

　こんなふうに余裕をもってレポートに取り組む。それが大いに望ましい。それには、早め早めの準備が必要となる。限られた時間では、プロットを寝かせておくこともできない。いくつかのレポートを同時並行的に書いていく。ときには、そんなことが求められるかもしれない。周到なプラニングが必要となるは、そういうときだ。一つのレポートのプロットを書き、それをちょっと置いておく。その間に、別のレポートのプロットを書く。そうすれば、時間を有効利用できる。そのときどきで、頭を切り換えていく。そういう芸当も身につけたいものである。二つのプロットが相互作用して、ものすごいアイディアが生まれるかもしれない。そんなことも期待しながら進めていく。それもまた楽しみになるであろう。

プロットと材料を見比べる

　プロットをつくり、寝かせて熟成させる。これで、レポートの柱立ては固まった。次は、いよいよ書く段だ。その前に、もう一つだけやっておくことがある。レポートの材料が、全部揃っているかを確認する。そうした作業が必要なのだ。

　肉じゃがをつくるときに何を入れるか、絶対的な決まり事はない。豚肉、ジャガイモ、ニンジン、タマネギ、基本としては、これらを揃えたい。ニンジンがないと、彩りがいまいちだ。豚肉がなければ、

野菜の煮物になってしまう。ジャガイモがないとダメだし，タマネギもほしい。四つ全部が揃って，肉じゃがとなる。だから，料理をつくり始める前に，確かめないといけない。材料があるか，量は十分か。足りなければ，店に買いに行く。そういう買い物も，ときに必要となる。

　レポートも同じだ。見出しを構成して，プロットをつくる。その前には，本や論文を読んで，書く材料を集めているはずだ。抜かりなく揃えてある。そう思っても，もう一度点検してみよう。書くための素材が漏れなく揃っているか。足りないものはないか。あらためて確認する。そうした作業が不可欠なのだ。

　レポートを書き始めて，足りないものに気づく。そういうこともあるだろう。本当は不足しているのに，気づかず，書き終えてしまう。それよりは，書いている途中で，足りないことに気づくほうが数段よい。とは言っても，それも程度問題だ。一つや二つならまだいい。書くという作業から調べる作業へ。自分のやることを変えていく。そのことが，ちょっとした気分転換にもなるかもしれない。でも，どうだろう。それが何度も繰り返されたら，どんな気持ちになるだろうか。書くリズムは確実に崩れる。気持ちの集中が途切れて，能率は上がらない。いつまでも前に進まず，だんだんイヤになる。そんな悪循環に陥ってしまうだろう。プロットの完成度が低くて，書くための素材が不足していると，そんな危険性がある。そこで確認が必要なのだ。

　レポートを書き始める前に，プロットと材料を見比べておこう。書くための素材が過不足なく揃っていれば，それでよし。レポートを書くステップに進んでいこう。足りないところに気づいたら，調べるステップに戻ればいい。料理で言えば，材料の買い足しだ。買

い物自体に、そうは時間はかからない。買ったとしても、荷物も少ない。これで料理は、さらに美味しくなる。そう思えば、帰りの足取りも軽くなる。

　料理の材料が、多すぎることもある。鍋の大きさを考えずに、あるたけの材料を切ってしまう。結局、鍋に入りきらなくなる。こんな失敗も、初心者にはありがちのことだ。全部の材料を使わないで残しておく。そういうことも、ときには重要である。

　プロットと材料を見比べて、材料が多すぎないかチェックする。それも大事な作業である。レポートを書くために集めた素材は、どれも貴重なものだ。労力と時間をかけて集めたものならば、思い入れもある。どれもこれも、全部使いたい。そういう気持ちになるはずだ。そこは乗り越えないといけないところである。二つの点から、考えてみよう。第1は、レポートの分量だ。字数が決まっているレポートならば、全部は盛り込めない。何かを選び、何かを選ばない。そうしないといけない。第2は、素材の重要性の程度だ。具体例を四つ用意しておいて、対比的な二つに絞り込む。残りの二つは使わない。そういう選択もときとして、求められる。こんなふうに、集めた資料を使えなかったり、使わなかったりする。集めた情報を全部使って書こうとしない。使わずに、残しておく。そんな勇気もときには必要になるのである。

具体例を入れる

　レストランに行く。メニューを見ながら、何にしようか考える。豚カツもいい。オムライスも美味しそう。ナポリタンにしようか。いろいろ迷って考える。楽しいひとときである。メニューのなかに

は，写真付きのものもある。それを見ながら，再び三度(みたび)考える。それもまた，いいものだ。写真があれば，いろんなことがわかる。豚カツの大きさ，厚さ。添えられたキャベツの量。写真は料理をリアルに伝えるのだ。

　レポートに写真を添える。そんなこともあっていい。「観光産業が地域活性化に及ぼす影響についての考察——仙台七夕の事例分析」。こんなテーマのレポートだったとしよう。だったら，実際に七夕祭りを訪れるのもよい。自分で七夕祭りを体験する。それも，レポートに活かされるはずだ。写真に撮って，レポートに載せる。それだけリアリティが増すだろう。こんなふうに映像資料を活用する。それも一つの手である。

　レポートは，基本的に書くものだ。レポートの主要部分は，文字情報である。最初から最後まで，文字が主役だ。すべて文字ばかり，そういうレポートも少なくない。できるだけ，レポートには具体性をもたせたい。写真を添えるのはその一つだが，いつでも使えるとは限らない。もう少し他のやり方はないか。いろいろな工夫をしてみるとよい。たとえば，こんな三つの方法がある。

　第1は，図や表を用いることである。レポートには，強調したいところや，重要なところがあるはずだ。そこを図や表にまとめるのだ。そうすると，とても効果的だ。「百聞は一見にしかず」である。図や表は，多くのことを語ってくれる。文章で，その図や表のポイントを説明する。そうすれば，完璧だ。

　第2は，具体例を入れることだ。誰かの発言や主張だと，それだけリアリティは強くなる。新聞の投書欄には，毎日いろいろな意見が載っている。そのなかから，あることについての賛成意見や反対意見をもってくる。それを引用するだけで，抽象的な論議が具体化

されていく。周囲の友だちに，直接聞いたりしてもいい。それはそれで，インタビューの練習にもなる。こんなふうに生の声を用いる。そうした工夫も大事である。

　第3は，各種の統計資料を利用することだ。官公庁は，さまざまな調査を定期的におこない公開している。全国規模のものもあれば，各都道府県市町村のものもある。単年度の資料も，経年的な推移資料もある。そうしたデータは雄弁である。歴史的な変化や時代の特徴を示してくれる。それらのデータをレポートに利用する。ぜひ試みてほしいものだ。

　図と地でいえば，レポートの文章は「地」である。背景であり，全体を規定する。具体例は，「図」である。背景から浮かび上がってくる部分だ。「地」がはっきりしていればこそ，「図」は浮き立ってくる。基調となる背景は，モノトーンとしたい。そうして，すっきりまとめたい。「地」がゴチャゴチャしていると，「図」が浮き立たないからだ。

　「図」が多すぎると，「地」が見えなくなる。何を伝えたいのか，よくわからない。そんなレポートになってしまう。具体例は，多すぎてもいけないのだ。

　プロットをつくる際には，本文と具体例の割合も意識するとよい。この割合には，正解があるわけではない。これまた工夫のしどころだ。読み手の顔を思い浮かべて，考えてみたらいい。

第5章　柱立てをつくる

そうしたら自ずから定まってくるはずである。

プラニング

「自分には計画性がない」。自分のことを，そんなふうに考えている人は少なくない。「誘惑が多くて，すぐにそちらに行ってしまう」「時間があっても，ダラダラすることが多い」。そんな愚痴を聞くことも多々ある。何か肝心なことをしようとするとき，ついつい脇道に逸れてしまう。そういう人は，少なくないのである。

計画性は，自ら育んでいくものだ。「計画性がない」と，いくら嘆いても始まらない。いつまで経っても，何も変わらない。「不言実行」と言われているではないか。「有言実行」でもいい。レポートを書きつつ，計画性を養っていく。そういう気持ちで，取り組んでいきたいものである。

幸いにも，レポートには締切がある。ある期日までに提出しないといけない。そういう制約が，レポート提出には課されている。「締切のない原稿は書けない」。長年の大学教師の経験から，私も強く感じている。「レポートには締切があってイヤだ」。そんな気持ちを断ち切ろう。締切を積極的に受けとめるのだ。それを活かして，自分を成長させるのだ。それを活かさない手はないのである。ここは是非，積極的にやっていきましょう。

多くのレポートの提出期限は，学期末や年度末に集中する。「三つのレポートと四つの試験があります」。そんな話も，学生からよく聞く。シラバスには，そういった情報が示されている。よく読めば，すぐにわかることだ。全部の授業について，情報を把握する。それが第一歩だ。

次はどうするか。いつまでに，何をするのか。そのスケジュールを大まかに立てるのだ。それには，レポートの分量や負担度を考慮する必要がある。8000字のレポートと1万5000字のレポートがあったとしよう。後者のほうが，大変そうなのは自明である。自分があまり知らない分野だったとしよう。レポートの素材を集めるのに，時間がかかりそうだ。事前の勉強もたくさん必要になりそうだ。その分，多くの時間が必要になるだろう。そういうことは，容易に想像できる。こんなふうに，一つひとつのレポートの内容を自分なりに見極めるのだ。

　レポートを書く順番は，次のとおりだ。初めに，テーマを決める。本や論文を読み，資料を集める。筋立てを考え，プロットをつくる。プロットが完成したら，ひたすら書く。全部書き終わったら，推敲して，完成だ。後は提出するだけ。それぞれの段階に，どれぐらい時間がかかるのか。最初は見当がつかないかもしれない。長めに見積り，早めに始める。そういった計画を立てておけば，いいのだ。肝心なのは，その計画を実行することである。何事も，とかく計画どおりには運ばないものだ。遅れがちだったら，力を入れる。遅れを取り戻すように，努めればいいのだ。

　複数のレポート締切の重なりをどうすればいいのか。そんなときは，取り組む順番を決めないといけない。三つだったら，順番は6通りある。重要なもの，時間がかかりそうなものから，取り組んでいくことだ。そうしたら，たいてい間違いはない。時間配分や取り組むエネルギーの配分も，自分で考えるしかない。そうした作業も，計画性を養う大事なものなのだ。一つひとつのレポートを丁寧に仕上げていく。それしか道はないのである。

第5章　柱立てをつくる

文　献

都筑学（1982）.「時間的展望に関する文献的研究」『教育心理学研究』30（1），73-86.

CHECK POINT ☑

☐1　「一生懸命調べて勉強しました」レベルの，部分同士の関係が見えてこないオムニバスのレポートではいけない。

☐2　オムニバスにならないよう，①目的，②本論，③結論の筋立てが必要である。

☐3　レポートを書くときには，設計図となるプロット（章・節・項の見出し）を作ること。そしていったん寝かし，時間を置いて見直してみること。

☐4　書き始める前に，プロット（見出し）と材料（調べたこと）を見比べよう。調べたこと全部を使いきろうとせず，①レポートの分量，②重要性の程度で使うかどうかを見極めること。

☐5　レポートに具体性をもたせるために，①図表，②具体例，③統計資料を利用しよう。本文と具体例の割合も意識するとよい。

☐6　レポートを書きつつ，計画性も養っていこう。レポートの分量や負担度を考慮しつつ，いつまでに，何をするのか。そのスケジュールを大まかにでも立てること。

第6章 論理の一貫性を大事にする

全体と部分の関係性を意識する

> 李白乗舟将欲行
> 忽聞岸上踏歌声
> 桃花潭水深千尺
> 不及汪倫送我情
>
> 　私李白が舟に乗って出発しようとしたときに，
> 　ふいに岸辺で，村人が手をつなぎ，足を踏みならしながら，歌う声が聞こえてきた。
> 　桃花潭の深さは千尺もあるが，
> 　汪倫が私李白を送ってくれる情の深さにはおよばない。

　高校までの授業で，「起承転結」という言葉を聞いたことがあるだろう。私も，作文指導のときに習った記憶がある。「キショウテンケツ，キショウテンケツ」。何度か口に出して，唱えてみる。すると，いい作文が書けそうな気になる。そんな魔法の呪文のように

思っていたものだ。

　元々,「起承転結」は,中国の漢詩の構成法である。漢詩は,四句からなっている。先に紹介したのは,李白の七言絶句である（井波,2010）。第一句の起句で詩意を起こし,第二句の承句でそれを受け,第三句の転句で素材を転じて発展させ,第四句の結句で全体を結ぶ（デジタル大辞泉）。

　李白の詩は,自分の心情を余すところなく詠い,それを伝える。見事と言うしかない。この起承転結の技法をレポートに用いたら,見事なものが書けるだろうか。その答えはノーである。その理由は,第三句にある。転句では,それまでの起句,承句の流れを転じる。そのことで,絶句の奥行きを広げ,結句へと導く。転句は起句,承句とは趣を異にしている。だからといって,水と油のように混じり合わないというわけではない。微妙なバランスと調和が成り立っているのだ。まさに一級の芸術である。

　レポートは科学的な読み物である。叙情ではなく,真実を伝えなければならない。読み手に解釈をまかせていてはダメだ。誰が読んでも,同じ意味に受け止められる。そういうレポートが求められる。曖昧さが残っていてはならないのだ。

　起承転結は,転句において,あえて視点をずらす。そこから生まれるものに重きを置く。つながりを断ち切ることで,新たな関係性を生み出すのだ。論理的には,「破綻」していると言ってもよいかもしれない。

　その起承転結をレポートに用いれば,肝心のところで,方向性がズレることになる。論理的な関係性が,転句のところで,転じてしまうのだ。走っていて,ふいに転んでしまうようなものだ。それでは,どうもうまくない。

レポートを書くときには，いつも全体と部分との関係を意識するとよい。プロットをつくり，見出しをいろいろと考える。そのとき，レポートの流れをチェックすることが重要だ。淀みがないか，蛇行していないか，二手に分かれていないか。そういうことを考えてみる。俯瞰的な視点から，自分のレポートを捉えてみるのだ。そうしたメタ認知を働かせることで，レポートの質は向上するものなのである。

論理的なつながりが大切

　$2+2=4$

　この足し算は，誰がやっても4になる。5になったり，3になったりすることはない。「2足す2が4になる」というのは，永遠の真理である。

　レポートにおける論理的な筋立ても，こんなふうに明解なものでありたい。誰が読んでも，意味が明瞭で，誤解されるようなところがまるでない。論理の筋道が通っている。それが理想である。できるかぎり，それに近づけたい。そうした気持ちを忘れないのは重要だ。その努力を怠らない。それも同じく大事である。

　学生の書いたレポートには，とんでもないものがあったりする。論理が転々として，よく見えないのだ。袋小路に入ってしまって，先に進まなかったりもする。まるで迷路のように，読み手を悩ませたりする。おそらく，自分でもスッキリしていないはずだ。そういうときは，プロットをもう一度眺めてみよう。大切なポイントが一つ抜け落ちているかもしれない。それがわかったら，すぐに書き加

えればいい。余分なことが書かれているかもしれない。そうしたら，それを削除するのだ。こういうふうに，加筆したり，削除したりしながら，論理的なつながりを強化していくのである。

　レポートを貫く論理は，できるだけ単純なほうがいい。そのほうが，読み手にもわかりやすい。書くほうも，気が楽だ。形式を決めておくのもいい。私がよく使うのは，3章3節構造である。各章に三つの節があるから，3×3＝9。全部で九つのことを書けばいい。こうやって形式を自分で決めると，見通しもつけやすくなる。

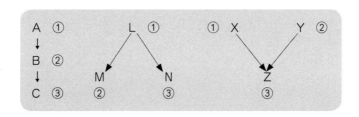

　三つの章の関係は，図に示した3通りある。第1は，直線的に論を進めていくやり方だ。AからBへ，BからCへ，という順になる。問題提起があって，実態が明らかにされ，今後の課題が述べられる。こんな感じで，A→B→Cと書かれていくわけだ。

　第2は，一つの論点を二つの条件のもとで論じるやり方だ。Lが最初にあって，そこからMとNへ，という順になる。教師と子どもの関係性について，小学校と中学校を比較して述べる。L→M・Nと書いていくことになる。

　第3は，二つの前提条件から結論を導き出すやり方だ。XとYがあって，Zへ，という順になる。日本とアメリカにおける自動車産業について述べ，それを比較して考察する。X・Y→Zと書いていくわけだ。

3章3節構造で書くと決める。筋立てを，この3通りの中から決めればいいのだ。こんな楽なことはない。そう思いませんか。こうすれば，レポートの論理は，きわめて明解になる。落語のように，最後まで聞かないとオチがわからない。そんなことにはならないだろう。一度試してみてほしい。

原因と結果——要因・影響

「風が吹けば桶屋が儲かる」。この文句を知っているだろうか。その意味は，ざっとこんなふうになる。

風が吹くと，砂埃が舞う。それが目に入ると，目を病んで盲人が増える。増えた盲人は，三味線弾きになる。三味線は猫の皮を使う。そうすると，猫が減る。猫が減ると，ネズミが増える。増えたネズミが，桶を囓る。それを直すのは桶屋だ。そこで桶屋が儲かる。いくつもの媒介項によって，風と桶屋がつながるというわけだ。

これは，一見正しいように思える。だが，実際には誤っている。論理的でもなく，筋も通っていない。いい加減な推論である。そうした思考を戒める。そんな意味合いがあるのだと思う。

レポートで用いる論理は，明確にしたいものである。いつでも，どこでも同じようになる。原因と結果が一対一対応している。そういうものが望ましい。その例として，こんなことが考えられる。

水を入れたヤカンをガスコンロにかける。火をつけると，だんだんと水の温度が上がっていく。煮え立ってきて，そのうちに水蒸気が出てくる。台所で，よく見かける光景だ。水を100度まで熱すると，水蒸気になる。これは，必然的に起きる現象である。もちろん，高い山に登れば，ちょっと違ってくる。それは横に置いておくこと

にしよう。物の世界では,こうした100%正しい法則が存在する。

　いつでも絶対起きるわけではない。とはいえ多くの場合には,当てはまる。そういうことも,ときには存在している。「夕焼けだと,次の日は晴れる」。これはかなり信頼してよい。日本の気候は,基本的に西から東へと移っていく。西が晴れていれば,翌日は晴れになる。その確率が高くなるのだ。夕焼けは,天気を予測する。その情報として,使えるのだ。

　関係があっても,直接ではない。そんな場合も,ときにはある。大学時代に受けた教育心理学の授業のことである。相関の話で,こんな事例が紹介されたことがある。「子どもの知能指数と住んでいる家の畳の枚数との間に相関がある」というのだ。確かに,そうかもしれない。大きな家に住んでいれば,塾に行ったり,本を買ってもらったりできる。親も,高学歴かもしれない。知能指数と家の大きさとの関係には,他の変数が影響している。相関があるとしても,擬似相関なのである。

　相関と因果関係は別物である。相関は,二つの間に関連がある,ただそれだけを示すものだ。一方が原因で,他方が結果だと考えてはいけない。そういう類いのものである。人の世界は,物の世界とは異なる。原因と結果の因果関係が,明確でないことも少なくない。レポートでは,それを正しく推論し,論を立てないといけない。物事が起きる道理の確からしさを根拠にもとづいて主張する。それがレポートには,求められるのだ。

　先行要因と後発要因。時間的・歴史的な後先,前後の関係。そういった情報を整理しながら,論理を組み立てていくわけである。その際,蓋然性という言葉を覚えておくといい。蓋然性とは,「ある事柄が起こる確実性や,ある事柄が真実として認められる確実性の

度合い」を指す。確実性は，100％の必然ではない。それでも，それはレポートの根拠となる。どれぐらい説得力をもって主張できるか。それは，集めた資料の量や質によるだろう。自信をもって書き進めるには，そのあたりが重要なのだ。

先行研究を頼りにする

　高尾山は599メートル。手軽に登れる山として人気がある。春夏秋冬，どの季節も味わいがある。その高尾山。登り方には，3種類ある。第1は，自力で麓から登山道を歩いて登っていく。第2は，ケーブルカーに乗り，そこから歩いて行く。第3は，リフトで上がり，そこから歩いて行く。どれを使っても，それぞれ楽しめる。簡単なのは，ケーブルカーやリフトだ。展望台まで，直に着く。そこからは，山頂も近い。ケーブルカーやリフトは，先人たちが工事してつくりあげたものだ。それがあるから，登山も楽になる。体力にあまり自信がなくても，楽しむことができるのである。

　レポートの場合，ケーブルカーやリフトは先行研究である。

第6章　論理の一貫性を大事にする

取り上げようとするテーマには,先行研究の積み上げがあるはずだ。それを勉強すれば,ある所まで行き着ける。ゼロから出発しなくても,いいのである。何も読まずに,独力で考える必要はない。そんなことをしても,何も思い浮かんでこない。先行研究を頼りにすれば,レポートの道筋も見えてくる。本や論文を読む意味は,こういうところにあるのだ。

　先人たちは,営々と学問を積み上げてきた。私たちは,彼らに多大な恩恵を受けている。彼らは,「知の巨人」だ。遠くまで,広い視野で,学問の世界を見通している。私たちは,小人のようなものだ。「知の巨人」の肩に乗っている小人だ。巨人の肩に乗ることで,いろいろなことが見えてくる。いろいろなことがわかってくる。そのことを,大いに感謝しなければいけないのである。

　先行研究は,頼りになる。自分の思考を支える柱になる。重要なのは,自分の問題関心を先行研究とつなげて考えてみることだ。先行研究が指している道筋と合致しているかどうか。それをチェックすることが重要である。

　先行研究にも,いろいろなものがある。先行研究Xは,Yesと主張している。先行研究Yは,Noと主張している。こんなふうに,真っ二つに意見が割れていることもある。そんなときは,どうすればいいのか。どちらの意見が正しいと判断すればいいのか。どうにも考えがまとまらない。そうなったら,第3の研究を探すといい。第4,第5と,次々に見つかっていくかもしれない。Yesが多いのか,Noが多いのか。それも自分の意見を考えるときの参考になる。多数意見に依拠して,レポートを書くこともできる。多数意見と少数意見を並記することも可能である。いろいろなパターンのレポートを書くことができるのだ。

そのとき注意しなければならないことがある。学問の世界は，多数決で正解が決まるわけではないということだ。たとえ少数派でも，それが正しいこともある。時代が移り変わると，正しかった意見の間違いが見出されることもある。そういうことも，頭の隅に留めておくとよい。

先行研究を読んでいく。数を重ねて読んでいく。そうすると，論理展開の作法がだんだんとわかってくるはずだ。同じテーマの論文には，共通性がある。どういう順序で，物事を述べればよいか。どのような資料やデータにもとづいて述べていけばよいか。そういうことが，見えてくるのだ。このような，論文の叙述の仕方からも，学ぶべきことは多い。「学ぶ」という言葉は，「まねぶ」(真似る)から来ているらしい。先行研究の素晴らしいところを真似して，自分のものとしていく。そうした学びも，重要なのである。

論理の飛躍に気をつける

これから問題を出すので，一緒に答えを考えてみよう。簡単な問題なので，すぐにわかるはずだ。

> 「真理子は恭子よりも背が高い。恭子は紀子よりも背が高い。一番背が高いのは誰か。」

どうだろう。すぐ答えが出たはずだ。正解は，真理子だ。2番目は，恭子。3番目は，紀子。3人の順番まで出てくる。

次の問題は，どうだろう。ちょっと難しいかもしれない。

> 「太郎は次郎よりも背が高い。三郎は次郎よりも背が高い。一番背が高いのは誰か。」

　どうだろう。今度は，難しかったはずだ。というのも，この問題の正解はないからである。3人の中で，一番背が低いのは次郎だとわかる。太郎と三郎は，どちらの背が高いか。それはわからない。答えが出ないのは，情報が不足しているからである。太郎と三郎を比較した文章があれば，答えは出るのだ。

　こんな短い文章だったら，情報不足はたちまち判明する。A4判の用紙で5〜6枚程度のレポートだったらどうだろう。見つけるのは，意外と難しいかもしれない。そうはならないように注意したいものである。情報が不足すると，論理的にならないからだ。無理矢理にこじつけたり，力業で強引に進めたり，そんなことになってしまうのだ。上の文章の場合，「よくわからないけど，太郎が一番背が高いと思います」。こんなふうに，いい加減な断定をしてしまったりする。こうしたことは，くれぐれもやらないように。情報が不足していると思ったら，補足資料を集めて読むことだ。そうやっていくことが肝心である。

　意味のつながらない文章を接続詞でつなげる。こうした荒技も，学生のレポートには，しばしば見られる。「それゆえに」「そのため」（順接）。「しかし」「けれども」（逆接）。「また」「ならびに」（並列）。「そして」「また」（添加）。こうした接続詞が多用されるのだ。「しかし」が使われているけれど，前後の文章が逆の意味にはなっていない。「そのため」が使われていても，前後の文章が原因と結果の関係になっていない。そのような事例は，少なくない。接続詞

でつないだ気分になっているだけだ。論理はまったく通っていない。書き言葉，特にレポートのように論理性の求められる場面では，そういう文章は書き直さなければいけなくなる。最初から接続詞を使わないほうが，よほどいい。文章同士の関係性に自覚的にならざるをえなくなるからだ。

　論理の飛躍は，別のところでも生じる。よくあるのが，たった一つの事柄から結論を導き出すことである。最もひどいのが，自分の体験を一般化することだ。「私は，毎日○○を飲んでいる。飲み始めてから，健康状態がよくなった。だから，○○を飲めば，誰でも健康になる」。これは論の進め方自体，かなり強引だ。自分のことが，他人にも当てはまると考えている。こうした類いの記述を見かけることは少なくない。人間どうも，自分のことになると，物事がよく見えなくなるようだ。体験主義や経験主義に陥らないように心がけることが大事だ。レポートでは，気をつけたい点である。

レビュー論文

　中央大学の文学部では，3年生になるとゼミが始まる。ゼミごとに，いろいろな特徴がある。専攻によっても，ゼミのやり方は随分と違う。私のゼミでは，3年生がレビュー論文を書くことになっている。レビュー論文とは，多くの先行研究を読み，それを体系的に整理したものである。分量は，A4判用紙45字×48行の書式で6枚。文字数は1万2960字。400字詰め原稿用紙で32枚ほどである。締切は1月末日。10カ月かけての執筆となる。学生には，ちょっと長いかもしれない。それを書き上げるのも，勉強のうちである。そう思って，毎年課題にしている。

テーマは，自分の興味あるものでいい。テーマを決めるところから相談に乗る。すぐに決まる学生もいれば，そうでない学生もいる。提出までには，4回発表する機会がある。途中でテーマを変更する学生もいる。それはそれで認めている。興味が変わることも，よくあることだからだ。

　友人関係や親子関係。自己概念や自己呈示。ソーシャル・サポートや向社会的行動。いろいろなテーマで，学生はレビュー論文に取り組む。「論文」と名前が付いているが，レポートの一種である。テーマに関連した先行研究を20〜30本読み，それを整理して，今後の課題をまとめる。それがレビュー論文の課題内容である。レビュー論文の内容を，4年生での卒論に発展させてもいい。卒論は，また別のテーマにしてもいい。学生には，そのように伝えてある。

　第5章で紹介した「時間的展望に関する文献的研究」は，私が書いた実際のレビュー論文である。文献を読み，それを整理し，今後の課題を述べたものとなっている。そこに書いた三つの課題は，私の研究を進める指針となった。そのことは，すでに述べたとおりである。私自身が，レビュー論文の実践的価値を実感している。そのことが，学生にも執筆を勧める根拠となっている。

　レビュー論文で大事なのは，論理のつながりだ。完成までの4回の発表では，4年生や院生から，いろいろな意見が出される。助言もあれば，批判もある。発表するたびに，コメントをもらう。厳しいものも，優しいものもある。それをふまえて，さらに先行研究を集め読んでいく。そうしたプロセスを通じて，取り上げたテーマが深められていく。自分の主張が鮮明になっていく。それが論理を深めるということである。自分なりの論理を作り上げていくことである。

もちろん完全無欠のレビュー論文はない。どんなに良く見えても，どこかに一つ二つは穴があるものだ。そうしたことも，執筆と発表，討議を繰り返すことで自覚できるようになる。それもまた，学生にとっては大きな財産になるのだ。

　私のゼミのレビュー論文は，単独で執筆するものだ。ゼミでの発表の機会があるから，完成に至るのだと思う。学部生がたった1人で取り組む。それは，ちょっとハードルが高いかもしれない。何人かのグループで取り組む。そういうやり方が，あってもいいだろう。それだったら，授業外の自主的な活動で，やれるかもしれない。「1人はみんなのために。みんなは1人のために」。そんなふうに協力してレビュー論文を書いてみる。そうしたことにチャレンジしてもらいたいものだ。

文　献

井波律子（2010）．『中国名詩集』岩波書店，p. 170-171

CHECK POINT ☑

- [ ] 1　レポートでは「起承転結」の「転」があってはならない。誰が読んでも，意味が明瞭で，論理の筋道が通っているのが理想である。そして論理はできるだけ単純なほうがいい。

- [ ] 2　相関関係と因果関係は別物である。相関は，二つの間に関連があることだけを示すものである。一方が原因で，他方が結果だと考えてはいけない。

- [ ] 3　先行研究は，自分の思考を支える柱になるが，自分の問題関心が先行研究が指している道筋と合致しているかどうかをチェックすることが重要である。

- [ ] 4　多数決で正解が決まるわけではない。たとえ少数派でも，それが正しいこともある。時代が移り変わると，正しかった意見の間違いが見出されることもある。

- [ ] 5　同じテーマの論文には，共通性がある。どういう順序で，物事を述べればよいか，どのような資料やデータにもとづいて述べていけばよいかが見えてくるだろう。

- [ ] 6　つながらない文章を接続詞でつないだ気分になっていないか，自分の体験を一般化するなど体験主義や経験主義に陥ってしまっていないかなど，論理の飛躍が起きていないか気をつけよう。

第3部 書いて伝える
Output

第7章　厚みのある文章を書く
第8章　科学の世界の文章作法を知る
第9章　効果的に伝える・見せる

第7章 厚みのある文章を書く

丁寧に説明する

> **駅から研究室までの道のり**
> 改札から右手に出ると、そこが多摩キャンパスです。ペデストリアンデッキを歩き始めると、「中央大学」と書かれた建物が進行方向右側に見えます。それが文学部棟（3号館）です。その9階に私の研究室があります。エレベーターがありますから、それで上がってきて下さい。部屋番号は3920（3号館9階20号室）です。エレベーターを降りて、廊下右側の一番手前が私の研究室です。ドアを開けておきます。

　私の研究室は、多摩キャンパスにある。最寄り駅は、「中央大学・明星大学」だ。ときどき学外の人が訪ねてくることがある。そういうときには、こんなふうに、駅から研究室までの道のりを教えることにしている。

　上の道案内で、ほぼ迷わずに研究室まで辿り着けるようだ。心がけているのは、歩く人の視点に立った道案内である。

誰にでもわかるように文章を書く。それを意識することは大事だ。情報を漏れなく盛り込む。そのことを自覚しながら，文章を書くのである。

　事実とそれについての評価を分けて書く。それも重要である。「今日のモノレールは混んでいた」。これは，主観的な評価を述べたものだ。乗車率を出せば，どれぐらい人が乗っているか見当がつく。乗車率は，車両の定員を基準に計算する。乗車率50%は，座席が埋まっているが，立っている人はいない状態。100%は，座席やつり革，ドア付近が埋まっている状態。200%は，身体が触れ合うが，週刊誌程度ならば読める状態。「今日のモノレールは乗車率100%ぐらいだった」。こんなふうに書くと，少しはイメージが共有される。しかし，ちょっと味気ない感じもする。「今日モノレールに乗ったら，どこも席が空いていなくて，座れなかった。おまけに，後から人がどんどん乗ってきて，右手に持っていたカバンを落としそうになった」。こんなふうに書けば，状況がもう少しリアルに伝わる。

　同じ事実を見ても，どう評価するかは人それぞれ。立ち位置が異なれば，同じことでも違うように感じるものだ。そこで重要になってくることがある。事実をできるかぎり，それに即して書くことだ。できるだけ客観的に，詳細に記述するのである。「今日の講演会は大勢の学生が聞きに来た」。これでは事実を示すには不正確である。「今日の講演会は100人の学生が聞きに来た」。こんなふうに書けば，事実を客観的に伝えることができる。数値を用いる。これは一つのやり方である。「今日の講演会は100人の学生が聞きに来た。前回は52人だったので，参加者はほぼ倍になった」。こう書けば，さらに詳細に事実を伝えることになる。

　事実を共有する。それが，大前提となって，次にその評価となる。

ここの部分は，人によって違ってくる。だからと言って，自分の感じ方や印象だけを述べればよいわけではない。なぜそう思ったのか。なぜそう感じたのか。その理由や根拠を添える必要がある。

「モノレールは，10分置きぐらいに走っている。もう少し多いときもある。立川から通学するには，とても便利だと思う。なぜなら私の地元では，電車の本数が少ない。1本乗り過ごすと，30分以上待たなければいけないこともあるからだ」。このように書けば，事実と評価，その理由が明確になる。

自分で内容をわかっているか確認してみる

自分で書いた文章は，自分が一番よくわかっている。あなたがそう思っているとしたら，それは間違っている。自分の弱点には，気づきにくい。案外そういうものなのである。自分の思考プロセスを十分に伝え切れていないかもしれない。言葉足らずのところがあるかもしれない。そういうケースもままあるのだ。

レポートを他人に読んでもらい，いろいろ指摘してもらうとよい。そうすれば，文章はもっとわかりやすくなる。自分の文章の弱点や特徴も把握できる。他人に読んでもらうピア・リーディングを勧めるのは，そういう理由からだ。新入生は，レポートを書くのに慣れていない。そうした初学者には，ピア・リーディングはとても効果的だ。是非一度，試みてほしい。

自分の書いた文章が明確か，明解か。自分自身でも確認してみるとよい。読み返すのも一つのやり方だ。黙読してみる。音読してみる。声に出して読んでみれば，耳からも情報が入ってくる。目と耳と，二つの情報が重なって，いろいろなことに気づきやすくなる。

誤字や脱字を見つけたりする。文章の不明瞭さがわかったりする。こんなふうに，書いた文章を自分自身で確認してみるのだ。これを続けていくと，文章力が高まっていく。これまた，是非やってみてほしいものである。

　他にもやり方がある。文章を要約してみるのだ。字数を決めてから，始めるといい。最初は，800字の要約をつくってみよう。3章から構成されたレポートだったら，1章260字ほどだ。すべての章が同じ字数でなくてもいい。800字に収まるように，まとめてみるのだ。うまくまとまらないこともある。章のポイントが不鮮明なのかもしれない。足りない部分があるのかもしれない。そんなふうに考えて，もう一度本文を加筆したり，修正したりする。そんな往復運動を繰り返してみる。そうやって文章の水準を高めていくのである。

　800字の要約が完成したら，次は半分の400字にしてみよう。文章を短くしたり，削ったりしただけでは，まとまらないはずだ。文章の内容を，自分で十分に理解している。それがないと，できない作業だ。

　400字の要約が完成したら，さらに半分の200字にしてみよう。レポートの大事な骨組みだけを表す要約になるはずだ。

　こんなふうにして，異なる分量で要約を書いてみる。それはちょっとしんどい作業かもしれない。それでもやってみる価値は大いにある。それを通じて，自分のレポートを読み返すことになるからだ。自分のレポートを他者の視点から眺めてみることになるからだ。そうやって確認することで，自分の書いた文章の理解も深まっていく。

　最後は，タイトルづくりに挑戦してみよう。最大で40字という制限を付けてみる。タイトルは，レポートの顔である。第4章でも，そう述べた。レポートのエッセンスを40字に込めてみよう。自分

が伝えたいと思っていた熱い思いを表現してみよう。

　本文，要約，タイトル。短くなるほど，頭を絞って考えないといけない。知的な訓練としても最適だ。大いに活用してみよう。

分厚く書く

　私のゼミでは，3年生は，近くの小学校にインターンシップに出かける。毎週1回，午前中の1時間目から4時間目までだ。クラスに入って，先生の指示を受けて活動する。特定の子どもをサポートしたり，テストの丸付けをしたりする。その他，いろいろなことをやる。休み時間には，子どもたちと遊んだりする。子どもと接するのは，生きた発達心理学の勉強になる。ただ行くだけではダメである。インターンシップ記録簿を付けていく。どんな活動をしたのか，どんなことを感じたのか，A4判の記録用紙に記入するのだ。私は，それに対してコメントを付ける。そういうこと毎週繰り返す。

　インターンシップの記録簿を読むのは，私にとっても勉強になる。小学生の様子が，間接的にわかるからだ。子どもの行動や発言には，意外なものがあっておもしろい。

　「休み時間に，A君とB君がちょっとしたケンカになりました。最初に手を出したのはA君です。B君が泣きながら反撃しました。近くで見ていた私は，どうすればいいのか困ってしまいました」，などと書いてあったりする（これは架空の話。実際の記録簿ではない。念のため）。

　これを読んで，私はこんなふうに思ったりする。「先週の記録簿には，A君，B君と3人で休み時間に遊んだ，と書いてあったな。何で，今週はケンカになったんだろう」。

みなさんは、どう思うだろう。2人がケンカをしたということはわかる。でも、それ以上の情報はない。ケンカに至るまでには、何かきっかけがあるはずだ。それは何だろうか。同じクラスの子どもたちは、そのときどうしていたんだろう。このような疑問が浮かんでこないだろうか。

ケンカの原因や周囲の子どもの様子、日頃の2人の関係。こうしたことがケンカの背景に存在している。2人のケンカという行動には、さまざまな要因が関係しているのだ。それを文脈と呼ぶことができる。その文脈をつかみ、それを記述する。そのことで、A君とB君のケンカの意味を正確に捉えることができるようになる。行動だけでなく、その文脈を記述、説明する。そのことが大事だ。それを強く主張したのが、文化人類学者のクリフォード・ギアツである。ギアツは、そうした記述を「厚い記述」（thick description）と名付けた。行動が生起した文脈まで書き加える。そうすれば、何も知らない人でも、行動の意味がよく理解できるようになるのだ。

レポートにも、「厚い記述」が求められる。ある事柄を点として書いていてはダメだ。線の上に乗っている点として書くほ

第7章　厚みのある文章を書く

うがいい。線上の点には，左右の端からの距離情報が付け加わる。四角という図形の内部にある点として書いてもいい。上下左右の辺からの距離情報が付け加わるからだ。

いろいろな関連情報をできるだけ書き込んでおく。そうすると，その分だけ理解しやすくなる。レポートを書くときには，そのテーマを知らない人を想像すればいい。思い浮かべた人にわかるように書くのである。

レポートを書くために，いろいろな勉強をする。テーマに関して，それなり知識が増えていく。自分はすでに知っている。知っているから，簡略化してしまうことがある。知っているから，省略してしまうことがある。それが落とし穴だ。まったく知らない初心者が読んでも，スラスラ理解できる。そんなレポートが理想的である。そのためにも，「厚い記述」を心がけるべきである。

縦横を意識して書く——時間軸と空間軸

私は方向音痴だ。道に迷うことが少なくない。たとえば，こんなときだ。都心の美術館に行ったとする。最寄りの地下鉄駅を降りて，地上に出る。そこで，どちらに行けばいいのか方向がわからなくなるのだ。右か，左か迷ってしまう。通り沿いにある地図を見ても，うまく把握できない。正反対に歩き出してしまったりする。実に，地図の読めない男なのである。

では，どうやって道を覚えるのか。自分が歩く通り沿いの建物や角を目印にしたりする。あの角を左に曲がると郵便局がある。その先の角を今度は右に曲がる。こんな感じで覚えていく。平面を歩くアリのように，少し前だけを見ているのだ。目的地までの道のりは，

時系列的に並べられる。そうやって理解するのである。決して，俯瞰的に見たりしない。鳥のようには，地上の世界を眺められないのである。

　こういうことに気づいたのは，空間知覚の研究者と話していたときだ。その人の頭の中には，常に地図があるらしい。自分がどこにいるのか，マッピングされるという。いつでも，空を飛ぶ鳥のように眺めているのだ。知らない土地でも，道に迷うことはない。羨ましいかぎりである。

　時間と空間。それは，切っても切り離せないものである。その二つを軸にして，レポートを書いてみる。そうすれば，最強のレポートになる。

　時間軸とは，歴史である。今の日本の子どもの発達について考察する課題が出たとしよう。現在が原点である。過去の歴史を遡って，どんな子どもがいたのかを考えてみる。「日本に学校制度ができたのは，1872（明治5）年。この年に，学制が発布された。小学校が義務教育となったのが，1886（明治19）年。尋常小学校が4年，高等小学校が4年である。当時の就学率は50％ほどである」。こういうことがわかってくると，歴史のなかに位置づいてくる。これはあくまでも，入口である。レポートを書くには，もっと調べないといけない。こんなふうに，時間軸を通して，子どもの発達を考えてみる。そのことで，レポートの深みが出てくるのである。

　同じ課題を空間軸で切り取ってみよう。2015年現在，世界の人口は約72億人。そのうち，子ども（18歳未満）は22億人ほど。世界196カ国に子どもたちがいる。その生活は，どのようなものだろうか。日本の子どもと外国の子どもは，同じような暮らしをしているのだろうか。どの子も，学校に通っているのだろうか。元気な毎

日を送っているのだろうか。発展途上国では，子どもの死亡率が高い国もある。学校に通わず，小さい頃から働いている子どももいる。兵士となって戦っている子どもさえいるのだ。こんなふうに，日本から目を転じて，世界の子どもを見てみる。そうやって，空間軸を伸ばしてみる。そうすることで，日本の子どもの発達を相対化して捉えることができるのだ。そのことで，レポートの幅が広がっていくのである。

　レポートを書くときには，意識して時間軸（縦）と空間軸（横）を伸ばしてみよう。そのことで見えてくる新しい気づきがある。そうしたら，さらに資料を集めていくとよい。レポートの素材が豊かになれば，それだけレポートの質は向上する。さらに，調べてみたくなる。そういった好循環を活かしていく。そんなレポートを是非書いてもらいたいものである。

情報を集めて書く

> **課題**
> 「授業で紹介した論文の中から一つ選び，その内容をまとめてから，感想・意見・疑問点を書きなさい」
>
> ① その論文だけを読んでレポートを書く。
> ② その論文の末尾にある引用文献も何本か読んでレポートを書く。
> ③ 引用文献以外にも，さらにいろいろな資料を読んでレポートを書く。

授業で、こんなレポート課題が出たとする。みなさんは、どんなふうにしてレポートを書くだろうか。

　課題で指示されているのは、①である。その論文を読めば、それでレポート書くには十分だ。多くの人は、そう考える。提出されたレポートも、①が多いことだろう。しっかり書けば、及第点はもらえるかもしれない。果たして、それで満足していていいのか。もっと上を目指さなくていいのか。

　第3章で紹介した、「網羅」という言葉を思い出してほしい。たくさん集めて読めば読むほど、知識は多くなり、理解は深まる。そこが重要なポイントなのだ。そのことがレポートにも反映されているはずだ。ここで2人の学生を想像してみよう。

> Aさんは、①コースの1本の論文を読んでレポートを書いた。
> Bさんは、プラス1本で合計2本の論文を読んでレポートを書いた（②のコース）。

　両者のレポートの質はどうだろう。同じだろうか、違うだろうか。決して、同じであるわけがない。答えは明白である。Bさんのレポートのほうが、優れているはずだ。読んだ論文の数が増えれば、その分だけよくなっていく。そのことは、誰にでもわかる道理である。

　重要なのは、課題で求められている水準の上を目指すことである。課題が出されたら、それにプラスアルファしてレポートに取り組むのだ。そうした向上心を大切にしたいものである。

　そこで大事なのは、網羅的な態度である。一つよりも二つ、二つよりも三つ。そんなふうに、少しずつ調べて読んでみよう。そうして、レポートに取り組むのだ。満足のいくレポートが書けた、そん

なふうに思えるはずだ。自分自身でも実感できるはずだ。達成した喜びは，次の学びの活動につながっていく。

網羅的に情報を集めて書いてみると，複数の視点が得られる。反対と賛成。支持と不支持。肯定と否定。物事は，多くの視点から見たほうがいい。そのことで，本質により迫ることができるからだ。そうすれば，レポートの筋立ても組み立てやすくなる。単純な論理ではなく，細部に目の行き届いた論理になる。

推敲しながら書く

誤字や脱字のあるレポートは少なくない。「人間に誤りは付きものだ。致し方ない」。こんなふうに思う先生もいるかもしれない。「読み返せば気づくのに，それもしていない。こんな間違いをするようでは……」。こんなふうに考える先生もいるかもしれない。

先生がどう感じるかは別にして，誤字や脱字はないほうがよい。ワープロ・ソフトの校閲機能を使うと，脱字は比較的すぐに見つけられる。誤字のほうは，意外と落とし穴だ。「体調が悪い」を「隊長が悪い」と書いたりする。そうなると，ワープロ・ソフトでは校閲できない。自分で読んで確認する。そうした作業が必要になる。

どの単語を使うのか。書くときには，それも重要なポイントだ。

> 「コーヒーを好む人は多い」
> 「コーヒーを好む人は少なくない」

「多い」と「少なくない」は，ニュアンスが微妙に違う。前後の文章によって，どちらを使ったほうがいいか。少しばかり，頭を使う必要がある。これも文章の推敲の一つに入る。

「推敲」とは、中国の故事に由来する言葉である。唐の詩人の賈島が「僧は推す月下の門」という自作の詩句を作った。「推す」を「敲く」とすべきか迷ったそうだ。韓愈に問うて、「敲」の字にあらためたという。

　「推敲」とは、字句や文章を十分に吟味して、練り直すことをいう。レポートを書くときも、推敲は大切である。パソコンを使うと、何となく書けてしまう。キーボードを打つだけで、難しい言葉も使えてしまう。手書きと違って、文字もきれいだ。何となく、いい文章が書けたような気になってしまう。しかし、いろいろなところに落とし穴があるのだ。用心深く、書き進めていかないといけない。

　パソコンの画面を見ながら、あれこれ単語を選んでいく。文章と文章のつながりを考えてみる。そうした作業には、メタ認知が欠かせない。書きながら（打ちながら）、それを点検（チェック）する。必要があれば、修正する。前後の文章を読む。つながり具合を検討する。こういうプロセスを何度も繰り返していく。そのことで、レポートは少しずつ出来上がっていくのだ。

　パソコンの画面には、レポートの全体は映らない。1ページ目と5ページ目を見比べてみたい。そういうことは、パソコンでは難しい。そう考えたら、印刷する。それを使って推敲する。最終的には、そういうことになるのだ。

　そのタイミングが、提出1時間前。それは最悪だ。それだと、推敲のしようもない。見直しも満足にできず、提出するしかない。出来上がり完成は、締切の3日前を目指そう。書いたら寝かせて熟成させるのだ。それを推敲する。そうすれば、レポートは数段良くなるはずだ。

　レポートの最終的な読み手は、自分ではない。他人だ。違った受

け止め方をされることもあるだろう。そんなことも考えながら，推敲してみるとよい。読み手を想像し，そこに思いを馳せる。あれこれと考えて，最後の仕上げをやっていく。それが終われば，残りは一つ。締切に遅れないようにレポートを出す。大事な仕事が待っている。

CHECK POINT ☑

☐1 事実とそれについての主観的な評価とを分けて書くこと。まず事実を共有し，それが大前提となって，次にその評価とその理由や根拠を添えること。

☐2 自分の書いたレポートは，次のような方法で，他者の視点から眺め，わかりにくくないかを確認すること。①誰かに読んでもらう，②自分で読み返す，③黙読してみる，④音読してみる。

☐3 レポートの文章をさまざまな分量で要約してみよう。さらに，レポートのエッセンスを40字以内のタイトルに込めてみよう。短くなるほど，頭を絞って考えないといけない。

☐4 時間（歴史）と空間という縦と横の軸を意識して書いてみよう。

☐5 網羅的に情報を集めてみると，賛成と反対，支持と不支持，肯定と否定と複数の視点が得られる。物事を，多くの視点から見た方が，単純な論理ではなく，細部に目の行き届いた論理になる。

☐6 レポートの最終的な読み手は，他人である。何も知らない人でも意味がよく理解できるよう，文脈まで記述し（厚い記述），読み手を想像して推敲をしよう。

第8章 科学の世界の文章作法を知る

人の文章を盗まない

　子どもの頃に，聞いた言葉である。「嘘をつくと，閻魔様に舌を抜かれる」。その恐ろしい響きに身構えし，襟(えり)を正したものである。「正直者が馬鹿を見る」。そんなふうにも言われたりする。真っ正直に生きることが大事なのだ。「嘘つきは泥棒の始まり」である。嘘をつけば，いつかはお縄を頂戴することとなる。

　学問の世界でも，嘘はいけない。大法螺ふきは信じてもらえない。小さな嘘でも，いつかばれる。それでも，嘘つきは出てくる。平気でデータを改ざんしたりする。残念ながら，それが後を絶たない。嘘つきを生み出す土壌が，きっとどこかにあるのだ。業績主義や名誉欲に絡め取られた人物は，どこにでもいる。悪魔のささやきにそそのかされ，いつしか嘘をつくようになる。人間は弱さを抱えた動物なのだ。つくづくそう思う。

　嘘つきは，いつのまにか泥棒になったりする。学問の世界にも，泥棒はいる。他人の知的成果を盗む輩だ。他人が生み出した大切な成果を，自分のもののように振る舞う。剽窃(ひょうせつ)するのだ。他人の文章を無断で用いてしまう。それも，あたかも自分が考えたもののよう

に。剽窃は犯罪行為である。警察に捕まることはないかもしれない。その代わりに，学問の世界からは永久追放されたりする。絶対にやってはならない行為なのだ。

レポートにも，剽窃はある。誰かの文章を，どこからか盗んでくるのだ。ひどい場合には，レポート全体が他人の書いたものだったりする。ネットに掲載されたレポートを丸ごと全部使うのだ。あまりにも安直な行為である。そこまでいかない剽窃もある。部分的に無断借用し，自分のレポートに貼り付けるのだ。それは自分で書いたことにはならない。「立派な」剽窃行為なのである。少しだからといって，許されるわけではない。絶対にしてはいけない。「ほんの少しだから，先生もわからないだろう」。そんなことを考えたあなた。黄色信号が点灯していますよ。直ちに，その考えはあらためるべし。「悪事は千里を走る」。悪いことは，すぐに知れ渡るものなのだ。

他人の意見を参考にする。それは大事なことである。先行研究を読み，それを整理する。そのことで明らかになることがあるからだ。先行研究は大事である。大いに参考にしなければならない。

参考と無断借用は，まったく

第8章　科学の世界の文章作法を知る

別物である。参考では,先行研究における他人の意見と自分の意見は,明確に区分される。「誰々は〜と述べている。それについて,私は〜と思う」。こんなふうに他人の意見があって,自分の意見がある。無断借用では,他人の意見が消えてしまう。「誰々は〜と言っている」とは書かない。初めから,「私は〜と思う」となるのだ。先行研究は消えて,自分の意見しか述べられない。自分がすべて考えたかのように,書いてしまうのだ。先行研究は,あたかもなかったかのようになってしまう。先行研究の意見が,自分の意見に置き換わってしまっているのだ。自分の意見と他人の意見を混同しない,これもレポートでは重要な点である。

　先行研究に敬意を払う。その気持ちがあれば,剽窃は生まれない。大切に引用され,自分の意見とは区分される。先行研究を大切にしながら,レポートの筋立てを考える。そうやって時間をかけて執筆準備をしてみよう。そうすれば,レポートの書きぶりもずいぶんと違うものになる。

引用と無断借用

> 　ILO（国際労働機構）によれば,ディーセント・ワークとは,「権利,社会保障,社会対話が確保されていて,自由と平等,働く人々の生活の安全保障のある,すなわち人間としての尊厳を保てる生産的な仕事」のことである（牛久保, 2007）。
>
> 　（出所）　白井利明・都筑学・森陽子（2012）.『〔新版〕やさしい青年心理学』有斐閣, p. 122.

レポートを書くとき，さまざまな先行研究を読む。その成果に依拠しつつ，論を展開していく。自分の意見と他人の意見を分けながら，書き進める。それが肝心だ。正しい引用が求められるのである。

　引用には，2種類ある。第1は，直接引用である。他からの引用であることを示す符号を用いる。始まりは，「（左括弧），終わりは，」（右括弧）で示す。この鍵括弧で括られた文章や言葉が，他人の書いたものである。

　前ページの例のように引用して書けば，紛れはない。ILOのディーセント・ワークの定義。『労働の人間化とディーセント・ワーク』（牛久保，2007）における記述。これらのことが明示されているのである。

　第2は，間接引用である。これは，引用符を用いないやり方だ。引用したい箇所を要約し，概括的な内容を書くのである。

> 長崎栄三・瀬沼花子（2000）によれば，学力の変化の大きな原因は教育課程の変化であるという。国際比較調査における中学1年の数学の成績を年次比較し，重点があまり置かれなくなった内容は正答率が下がり，重点が置かれるようになった内容は正答率が上がったことを示した。
>
> （出所）白井利明・都筑学・森陽子（2012）．『〔新版〕やさしい青年心理学』有斐閣，p. 82.

　直接引用の場合はその部分が引用だとわかるように，「　」で括る。それが作法である。間接引用の場合には「　」で括らずに，そのまま地の文として書く。ただし，引用元の表記は決しておろそかにしない。そうしなければ，他人の文章の剽窃となるのだ。気をつけなければならない点である。

第8章　科学の世界の文章作法を知る

適切な引用の仕方を覚えればよいだけだともいえる。それも難しいものではない。必要以上に恐れることはないのだ。

「　」について、もう一つだけ付け加えておこう。「　」で言葉を囲むと、いわゆる括弧付き、という意味が出てくる。

> その地域には、若者たちの集団が古くからあった。年少者は年長者をモデルとして、多くのことを身につけ成長していった。そこは、彼らの「学校」だったのだ。

この文章の「学校」が意味するのは、学校教育のような役割があったということである。いわゆる学校を指しているわけではないのだ。こういう使い方もあるのを覚えておくとよい。

自分の感情を挟まない

小学校の作文指導で、5W1H というのを教わった。

> 5W1H
> いつ（when）　どこで（where）　誰が（who）
> なぜ（why）　何を（what）　どのように（how）

遠足や運動会など、行事のたびに作文を書かされた。そのとき、どんな感じだったのか。よかったのか、つまらなかったのか。うれしかったのか、悲しかったのか。

作文には、自分の感情を書くようにとも指導された。「動物園に行って、コアラを見ました。初めてだったので、私はとてもうれしかったです。」小学生の作文だったら、こんな感じだろう。

レポートでも、同じような調子で書いてくるものがある。次のよ

うな文章に出会うと、ガクンとなってしまう。

> ○○（国名）では、乳児死亡率が高い。それがわかったとき、私は○○に生まれた子どもが可哀相だと感じた。

いろいろ調べて事実を知ると、そのことについての感情が湧く。それは自然なことだ。感受性が豊かであれば、いろいろな気持ちが起こってくるだろう。でも、その気持ちを直接書いても、レポートにはならない。ただの感想文になってしまう。気をつけないといけない。感情ではなく、評価を書くべきなのだ。

> ○○（国名）では、乳児死亡率が高い。日本の30倍にもなる。内紛による食糧事情の悪さが、大きく影響していると考えられる。

このように感想から評価へと視点を移す。そのことでレポートに相応（ふさわ）しい文章になる。

「私」という主語を使わないことにも留意したい。「私」を使うと、自分の感情をついつい書きたくなってしまうからだ。「私」を使わずに、書いていく。そうすると、文章は自然と受身形になっていく。「考える」は、「考えられる」になる。「思う」は、「思われる」になる。作文調から脱するには、受け身を用いるのがいい。

感情について書きたくなったら、どうすればいいか。そのときは、レポート本体ではなく付録を付けるのだ。付録のタイトルは、「感想」でもいいし、「レポートを終えて」でもいい。そこで、自分が感じたことを自由に書くのだ。レポートを書くのは、理性の働き。付録を書くのは、感情の働き。理性は左半球、感情は右半球だ。こ

んなふうにレポートを仕上げれば，大脳全体が活性化する。そんなことも期待できるかもしれない。そうだとすれば，レポート作成は総合的な知的活動ということだ。

明晰な説明を心がける

　私の趣味の一つは，俳句である。毎月，句会に参加している。いつもは先生の私が，師匠から教えを受ける。「教師の垢」を落とす得がたい機会だ。
　俳句の定型は五七五。たった17文字しかない。その制約の下で，詠わなければならない。なかなか難しいものである。

> 閑さや岩にしみ入る蟬の声　　芭蕉

　名句である。さまざまな鑑賞を可能にする名句である。俳句鑑賞に，一つの「正解」があるわけではない。10人いれば，10通りの受け止め方がある。それが俳句というものである。ときに，作者の意図とは違う解釈がなされる。それも俳句のなせる技である。それが俳句の素晴らしさなのだ。
　翻って，レポートの場合にはどうか。執筆者の意図が明確に伝わらない，そんなレポートは失格である。丁寧に説明し，理路整然と書かれなければならない。それがレポートというものなのである。
　レポートを書くのは，左脳の働き。俳句を作るのは，右脳の働き。こんなふうに，レポートと俳句は大きく異なっている。まったく違うメカニズムで，レポートと俳句は作られていくのだ。私が俳句に惹かれるのは，こういうところにもある。俳句をやり始めてから，

そのことを強く意識するようになった。

　私は，これまで左脳を使って仕事をしてきた。本や論文を読み，本や論文を書く。そういう仕事を長年続けてきた。できるかぎり論理的に説明する。そのことを心がけてきた。

　俳句になると，それが一転する。今度は，右脳を働かせるのだ。自分の感じたことを17文字に表現する。そこでは，つまらない説明は入らない。むしろ説明してはいけないのだ。説明的な俳句は面白味がない。目の前の風景を詠んでいるようで，余情を伝える。それが俳句というものなのである。

　俳句は，読者に解釈の余地を残す。それが俳句の奥行きを広げる。レポートは，それではダメである。誰が読んでも，同じ受け止め方になる。そういったことが求められるのだ。言葉足らずになってはいけない。過剰なぐらいがいいかもしれない。

　説明を省略する技法の一つに比喩がある。次の文章は，直喩の一例だ。直喩とは，「ようだ」「ごとし」「似たり」などの語を用いて，二つの事物を直接に比較して示すものである（デジタル大辞泉）。

> フィールドワークに出かけた村で，ヒマワリのような少女に出会った。

　夏に咲く大輪のヒマワリ。少女をそれに喩える。ヒマワリからイメージされた少女は，快活で天真爛漫。そんな少女を思い浮かべるかもしれない。文学的な表現ではある。何かの始まりを暗示させるようでもある。読み手に，判断の余地を残すような文章でもある。しかし，レポートでは，こういう文章は使わないほうがいい。徹底的に説明し，説明し尽くすのである。そうすれば，読み手は一義的な解釈に行き着く。レポートの書き手と読み手は，同じ意味を共有

できるのである。

一文一義を心がける

　一文は短いほうがいい。それが最近の持論だ。以前書いた私の文章には，結構長いものがある。それを読み直すと，ちょっと恥ずかしくなる。

　文章は長くなると，構造が込み入ってくる。読んでも，一度でスラスラと頭に入ってこない。何度も読み返さなければいけなくなる。時間もムダだし，エネルギーも必要だ。

　できるだけ短い文章を書くようにする。やはりそれがいいのだ。短ければ，一文であれこれいえない。自ずと単純な意味構造になるのである。

　この本も，持論に従って執筆した。「一文は40字以内に収める」。そう決めて，原稿を書いた。1行40字に設定すれば，簡単にチェックできる。その約束を守って書く。そのとおりに原稿が書けてくる。達成が快感になってくるものだ。

　一文40字以内は，絶対的な原則ではない。50字や60字であってもよい。自分にあったように設定すればよいのだ。何も決めずに書けば，ダラダラと長くなってしまいがちだ。それを防ぐために，字数の制約を自分に課すのである。日本語のネイティブは，母国語能力が高い。あまり意識しなくても，文章を書くことができる。どうしても，文章が長くなってしまうのだ。それを避けるために，一文の字数制約を課してみる。それを試してみるのもよい。次の二つの文を読み比べてほしい。

> ① 一文一義とは，「一つの文章では一つの意味しか述べない」ということであるので，読み手にとって理解しやすく，これを守って文章を書いていくと，レポートも筋の通ったものになる。
> ② 一文一義とは，「一つの文章で一つの意味しか述べない」ということである。その文章は読み手にとって理解しやすい。一文一義を守って書いたレポートは，筋の通ったものになる。

　字数制約は，それ自体が目的ではない。一文一義を目指すことが目的だ。一つの文章では，一つの意味を示す。それが一文一義ということだ。①の文章を，三つの文章に区切ってみると②のようになる。2文目と3文目のつながりは，どうだろう。①の文章だと，何となくいいような気がする。②の文章にすると，何か飛躍があるように思えないだろうか。その場合，文章を加筆して，筋を通すことを考えてみよう。

　ネイティブでない者が，外国語で書くときには，文字制約は不用だ。むしろ単純な文章しか思い浮かばない。単純構造でも，文意が明解であれば，それでいい。最近，そう思えるようになってきた。

　同じ英単語を何度も繰り返す。語彙が少ないと，ありがちなことだ。なるべく単調にならないように，気をつけないといけない。類語辞典を引きながら，単語の言い換えを考える。それが解決策の一つだ。日本語の文章を書くときに，この方法は活用できる。

> 検討　吟味　精査　探る　調べる　洗い出す

　似たような意味をもつ異なる単語を使い分ける。そうした技量も

第8章　科学の世界の文章作法を知る

兼ね備えたいものである。

一段落に一つのことを書く

　物事には，区切りが重要である。授業にも，始まりと終わりがある。ベルやチャイムが鳴って，それを知らせる。前期と後期という授業区分もある。それらがなければ，大学はそもそも成り立たない。

　レポートにも区切りが必要である。大きな区切りは，章や節，項だ。第1章から第4章まであるレポートは，四つに区切られる。それぞれの章では，異なることが書かれているはずだ。読み手は，そのように理解する。

　その下の区切りが，段落である。長い文章を内容などから，いくつかに分けた区切り（デジタル大辞泉），それが段落である。段落を示すには，行を変え，1字下げて書き始める。そのことで，新しい段落に移ったことがわかる。

　ここで段落について，極端な例を二つ考えてみよう。

　第1は，最初から最後までが一つの段落という場合だ。2ページにも3ページにもわたって，行替えもなしに文章が続いている。これでは，どこが区切りかがまったくわからない。何が書かれているのか，読み取りにくいのだ。

　第2は，最初から最後まで，すべての文章が一文ごとに改行されている場合だ。それが延々と続いている。これまた，どこが区切りかまったくわからない。この手の文章は，新書などでお目にかかることがある。

　前者のようなレポートを，ときどき読むことがある。どういう論理で書いているのか，把握がとても難しい。内容を理解するのにも，

かなり骨が折れる。「もうやめて」と思わず言いたくなってしまう。

　レポートには，段落が必要である。ある程度のところで，行替えして書いていく。それを忘れないようにしてほしい。

　段落は，その前までとは，書いてある内容が変わるということを示す。ただ単純に行を変えればいいというものではない。三つのことを述べたければ，三つの段落が必要になる。それぞれの段落で，別々の内容を書いていくのである。

　書き始める前に，三つのことが思い浮かんでいる。そういう状況がベストだ。文章の構成をあらかじめ決めておく。それを心がけるといい。書きたいと思う三つを短いフレーズで書いてみる。それが見出しの役割を果たすことになる。その三つを並べてみて，つながりがいいかどうかをチェックする。よければ，書き出していくのである。

　見出しを考えずに書いてしまう場合もある。そのときには，段落の区切りの適切性をチェックしてみよう。一つの段落で，二つ以上のことが書かれている。そのときは，分割して段落を増やせばいいのだ。二つの段落で，同じ内容が書かれている。そのときは，一段落にすればいいのだ。

　段落同士の関係をチェックすることも大事だ。段落のつながりをつけるための手段の一つが，接続詞を用いることだ。「しかし」だったら逆接，「それで」だったら順接。接続詞は上手に使えば，効果的だ。たった一つの単語で，段落と段落の関係性を明示することができる。そういう利点はあるが，あまり多用しないことが肝心だ。あまり考えずに，むやみに接続詞を使っているレポートがある。それは勧められない。厳選して，必要なときに使うようにする。そんな心構えが大切である。

CHECK POINT ☑

- [ ] 1　文献やネットに書かれた他人の文章を無断で用いることは，たとえ部分的であっても「剽窃」という犯罪行為である。引用することと無断借用はまったく別物である。
- [ ] 2　引用には，直接引用と間接引用の2種類がある。
- [ ] 3　レポートには「私は〜」が主語となるような感情や感想ではなく，中立的な評価を書くべきである（感情について書きたくなったら，付録を設けるのも一案である）。
- [ ] 4　文章は短い方がいい。できれば「一文は〇字以内に収める」と決め，一文一義（一つの文章には一つの内容しか述べない）を目指してみるとよい。
- [ ] 5　段落は，その前までとは書いてある内容が変わるということを示す。段落同士の関係をチェックすることも大事だ。
- [ ] 6　接続詞によって段落と段落の関係性を明示することができるが，むやみに多用しないこと。

第9章 効果的に伝える・見せる

ワープロに騙されない

　私が大学に入学したのは，1971 年。学生の頃は，ワープロもパソコンもなかった。何もかも，すべて手書きで仕上げるしかない。当然，レポートも手書きだった。

　大学院に入ってからも，学会発表論文集の原稿は手書きだった。薄青の線が入った専用用紙が学会から配られてきて，それに書いていた。1981 年に就職した後は，図書館にあった和文タイプライターを使ったこともあった。活字を一文字一文字拾って，ポツポツと打っていくという代物だ。あらかじめ原稿を書いておいて，打っていくのだ。タイプライターだから，「清書」ではなく「清打ち」と言ったりしていた。時間はかかるが，手書きに比べれば，比較にならないほど美しかった。

　ワープロを使い始めたのは，1980 年代の後半に入ってからだ。初代は，シャープの「書院」。一文字 32 ビットで，印刷すると大変きれいだった。画面は 9 インチ，一つのファイルに保存できるのは8000 字まで。それでも，便利だと思った。30 万円もしたが，思い切って買ったものだ。

手書きに比べれば，ワープロは格段に便利だ。そのことは，自分自身で経験してきた。ワープロ機能を使えば，修正するのも簡単だ。デリートキーを押せば，要らない単語をすぐに消すことができる。修正液も必要ない。切ったり貼ったりして，直す必要もない。

　手書きで書けば，それなりの時間がかかる。ブラインドタッチならば，手書きより早くレポートを仕上げることもできる。ネットで調べた資料をコピー＆ペースト（コピペ）するのも簡単だ。時間をかけなくても，レポートが書ける。ついついそんなふうに思ったりしてしまう。それは大きな間違いなのだ。ワープロは，あくまでも道具である。一文字ずつ手書きしていく作業を置き換えているだけである。魔法の玉手箱ではないのだ。

　ワープロ・ソフトで書いたレポートは，ファイルとして保存される。下書きやメモの類いも保存できる。それも大変便利な機能だ。以前に書いた文書ファイルを参照するのも容易い。一部を取り出して，コピペするのも楽ちんだ。そうやってコピペを重ねていくと，文章の量は増えていく。あちこちから切り貼りして，一つのレポートをつくり上げる。ワープロに習熟すれば，そんな芸当もできるようになったりもする。そういう時が，要注意なのだ。そうやって出来上がったレポートは，継ぎ接ぎだらけなのだ。建て増しを重ねて出来上がった家のようなものである。凸凹していたりして，見た目もよくない。その家の住人は慣れてしまっているが，傍から見れば変なのだ。「自分の文章をコピペしない」。このことを忘れないようにしよう。

　便利なワープロだが，気をつけないといけないことがさらにある。ワープロで書いた文章は，きれいな活字として印刷される。それを見ると，きれいなだけに，完璧だと錯覚してしまう。それが大きな

落とし穴なのだ。ワープロの性能に騙されないように，気をつけないといけない。

　印刷されたきれいな書面とその中身は，別物である。一つひとつの文章の意味が通ったものになっているか。文法的な誤りはないか。段落の区切りは適切か。章や節の構成は，筋が通っているか。これらのことがクリアされているか，しっかりチェックしないといけない。「最後まで書き上がったから，これで完成」。そういう態度ではダメなのである。

　自分自身が第一読者になり，「客観的な」視点からレポートを眺めてみる。じっくり読んでみる。内容をしっかり検討してみる。こうしたことを実践してもらいたいものだ。

図表を効果的に使う

　日本にはいくつも話芸が残っている。講談を聞いたことはあるだろうか。その講談を語るのが講釈師である。

　「講釈師，見てきたような嘘をつき」。張り扇で釈台を叩いてリズムを取り，講釈師はテンポよく語る。「パンパンパンパーン。そのとき楠木正成は〜」というような具合にだ。目の前に，馬に乗った正成の姿がまざまざと浮かんでくる。話芸のなせる技である。巧みな語りに，聴衆はぐっと引き込まれる。

　レポートでは，語りの代わりに，文章力が重要となる。いかに読み手の関心を引き寄せるか。それが大切である。たくさんの本や論文を読む。それが文章力を磨く第一歩だ。上手な表現だなと思ったら，メモしておくとよい。それを基本にして，文章を書いてみるのだ。それを積み重ねていくのである。すぐには上達しないかもしれ

ないが，諦めてはいけない。上達には時間が必要なのだ。次のようなことを思い浮かべてみると，よくわかる。

　ヤカンに水を入れて火にかける。時間が経つと，水が温まっていく。そのうちに沸騰して，水蒸気が出てくる。火を絶やさず燃やし続けないと，水は水蒸気にはならない。不断の努力を重ねることが大切なのだ。そうすれば，いつか必ず自分なりの文章が書けるようになる。そう信じることだ。

　最初から最後まで，文章だけのレポートがあってもよい。文章だけでなく，ときには，図表を用いるとアクセントになる。文章の流れに，リズムが加わる。「百聞は一見にしかず」。一目見て，よくわかることも少なくない。くどくどと文章で説明するよりも，図表で示す。そのほうが効果的なことがある。レポートを書く際にも，応用できる点である。

　図表を載せたら，説明文を添える。これを忘れてはいけない。中には，図表だけ載せて，何の説明もない場合がある。図表は雄弁だが，解釈を読み手に任せてはいけない。どこに着目すればいいのか，何を読み取ればいいのか。図表のポイントについては，文章に書いておかなければならない。それがあって初めて，読み手は図表の意味を正確に理解することができるのだ。

　図表を載せたら，図表タイトルも忘れずに書いておこう。図1，図2……。表1，表2……。番号を付けておくと，文中での言及が容易になる。

　図は，下から上に読んでいくものだ。表は，上から下に読んでいくものだ。図のタイトルは，図の下に付ける。表のタイトルは，表の上に付ける。図表のタイトルの位置が違うのは，読み方が異なっていることによる。これもしっかり覚えておくとよい。

図の例（4 種）

（a）棒グラフ

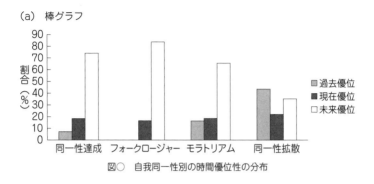

図○　自我同一性別の時間優位性の分布

（b）折れ線グラフ

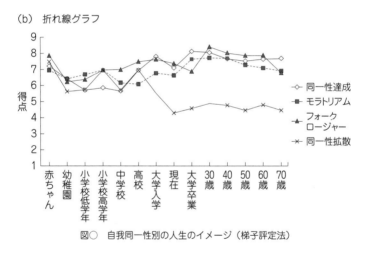

図○　自我同一性別の人生のイメージ（梯子評定法）

　図表を自作することもある。エクセルを使えば，簡単に図表を作ることができる。いろいろと試してみることだ。セルに数字を入れて，「挿入」タブを押せば，グラフの種類が選択できる。折れ線グラフでも，棒グラフでも，なんでも来いだ。既定値が設定されてい

図の例（つづき）

(c) 円グラフ

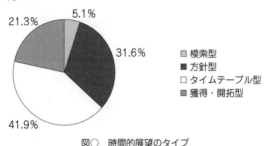

図○　時間的展望のタイプ

(d) レーダー・チャート

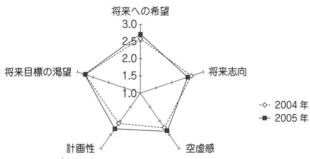

図○　時間的展望の下位尺度得点の比較（2004年度と2005年度）

るので，たちどころにグラフが完成する。そこで終了してしまってはいけない。読み手に見やすく，印象に残るように既定値を変更してみるのだ。見せる図表を目指して，いろいろと工夫してみる。そうした努力も必要なのだ。

表の例(3種)

(a)

表○　学年別の志望校の決定・未決定の人数(%)

	1 年	2 年
志望校決定	25 (33.3%)	55 (64.7%)
志望校未決定	50 (66.7%)	30 (35.3%)

(b)

表○　男女における下位尺度の平均値(標準偏差)

	男　子	女　子
対人不安	2.33 (0.64)	3.22 (0.87)
親との愛着	2.55 (0.89)	3.20 (0.71)

(c)

表○　不定愁訴の因子分析結果

	因子1	因子2
学校へ行く気がしない	.750	−.120
何をしても楽しくない	.744	−.109
ごはんを食べたくない	.491	.115
イライラしている	.376	.284
なんとなくさびしい	.330	.316
肩がこる	−.179	.689
運動していないときでも疲れやすい	−.010	.587
すぐ不安になる	.281	.414
夜，なかなか眠れないことがある	.201	.400
因子間相関　因子1		.688

写真やイラスト

　近頃は、スマホがカメラ代わりだ。何でもカシャッ。いつでもカシャッ。集合写真も自撮りも、自由自在だ。

　レポートにも、写真を使ってみるとよい。カラーならば、一段と臨場感がある。言葉で表現しにくいところまで、写真は語ってくれるのだ。

　使い方は自由だ。何か約束事があるというわけではない。写真が有効だと思ったら、使ってみればいいのだ。用法には、次のようなものがある。

　第1は、史料それ自体を示す場合だ。江戸時代の石碑をテーマにレポートを書く。そんなときに、拓本を取ればいいのだが、それができないこともある。そんなときは、写真を撮ればいい。それをレポートに載せるのだ。

　第2は、現地の状況を示す場合だ。沖縄の珊瑚礁と環境問題をテーマにレポートを書く。沖縄に出かけて行って、現地の人にインタビューする。併せて、海辺の様子を写真に撮る。それをレポートに載せるのだ。

　第3は、研究の場面を示す場合だ。幼児を対象にインタビューをしてレポートを書く。幼稚園の一室を借りて、話を聞く。どんな場所だったか、写真に撮る。それをレポートに載せるのだ。

　その他にも、写真の活用法があるかもしれない。必要に応じて、考えてみてほしい。図表と同じく、写真もレポートにリズムを加える。

　写真が伝える情報量は大きい。どこに着目して見ればいいのか、

何を読み取ればいいのか。読み手が正確に理解できるよう，説明の文章を書く。それを忘れないようにしてほしい。

　写真は，ネット上でも検索可能である。自分が現地に行かなくても，入手できる。それを使って手軽にレポートを書きたい。わざわざ遠くまで行かなくてもいい。そんな気持ちになる人がいるかもしれない。その写真は，よその誰かが撮ったものだ。著作権があると考えたほうがいい。他人の文章を無断で借用したら剽窃になる。それと同じなのだ。あまり意識しないで，使いがちである。くれぐれも注意しないといけない。

　絵が得意だったら，自分でスケッチしてもいい。フィールドワークで外国に行ったとする。訪問した街の風景が，イラストで描かれる。そんなレポートも素敵だと思う。

　写真やイラストを本文中に入れる場合，タイトルを付けておこう。そのタイトルが，伝えたい内容のポイントとなる。

　多数になる場合には，付録として載せてもいい。タイトルを付けて，簡単な説明で補足する。そうすれば，何かがよく伝わる。小さなことだが，忘れないことが肝心だ。

体裁を工夫する

　ワープロ・ソフトの書式には，既定値というものがある。

> **文字数と行数**　40字×36行
> **フォントサイズ**　10.5ポイント
> **余　白**　上35ミリ／下30ミリ／左30ミリ／右30ミリ
> **フォント**　日本語：MS明朝　　英数字：Century

これがマイクロソフト社のワードの既定値になっている。

　フォントには，実にいろいろなものがある。日本語でも英数字でも，さまざまな書体から選ぶことができる。私は，Century よりも Times New Roman のほうが好きだ。英数字フォントの既定値を Times New Roman に変更している。

　句読点にも種類がある。「、」と「，」，「。」と「．」のどれを使うか，どの組み合わせで使うか。好みの問題である。学会誌の中には，使用法が定められているものもある。既定値を変更すれば，簡単に対応できる。

　レポートの本質は，何と言ってもその内容である。中身が薄いレポートは，どんなに飾ってみてもダメだ。内容が大事であることは論を俟たない。それでは，レポートの体裁はどうでもいいのかといえば，そうでもない。体裁もまた大事な点なのである。ちょっとした工夫で，読みやすく，見やすいレポートになる。そこを意識するかどうかは，重要な分かれ道である。多くの学生は，レポートの体裁に無頓着である。しっかり考えている学生は，少数派だ。同じレポートでも，工夫次第で読みやすくなる。その実例を挙げてみることにしよう。

　第1は，見出しや小見出し，章・節・項のタイトルのフォントを替えることだ。それだけで，レポートの印象はずいぶんと変わる。ゴッシック体に替えれば，見出しやタイトルが浮き立つ。読み手の注意を引くようになる。その部分に自然と注意がいくのだ。学生の中には，フォントを替えずに太文字にする場合がある。それでは，浮き立ち具合が今一歩である。パソコンの画面上ではわかりにくいので，プリントアウトして比較してみたらいい。両者の違いは，歴然としている。

第2に、行数や行間も、レポートの印象を決める要素だ。あまり多くを書けなかったので、1ページの行数を減らして枚数を稼ぐ。そんなレポートに出会うこともある。行間が広がって、スカスカの印象になる。かえって逆効果だ。行数が多くて、行間がギチギチになる。字数が多くて、一行にギッシリ詰まっている。余白が極端に狭くて、紙面全体に書かれている。このようなレポートは、見た目が窮屈で、あまりいただけない。行数や行間、余白は、レイアウトの重要な要素である。自分でも、さまざまに試みてみるとよい。行数や行間、余白を変えると、印象がガラッと変わる。きれいに見えるレイアウトとそうでないレイアウトがある。それらの違いがわかるはずだ。

　レポートの体裁は大事だが、それに拘りすぎてもいけない。あまりに凝ったレイアウトもよくない。肝心の中身がないのに、体裁だけは立派なレポート。それは、「羊頭狗肉」の典型である。レポートの体裁は、あくまで二次的な要素だ。そのことを忘れないようにしよう。

構成を考える

　レポートに必要な情報は、いくつかある。すでに第5章で述べたが、もう一度確認してみよう。

　　〇提出者氏名
　　〇提出年月日
　　〇授業名
　　〇レポートタイトル

○本文

　学生が提出するレポートには，このような構成のものが多い。これに加えるとすると，次のようなものが考えられる。第1は，要約である。これが書かれていると，読み手は大変助かる。要約を手がかりにして，本文を読んでいくことができる。それだけ理解が深まりやすくなる。その効果については，第4章で述べたとおりである。
　第2は，目次である。数ページぐらいのレポートならば，あらためて目次を書くまでもない。もしもレポートが10ページ，20ページもの大作ならば，目次を書くことを勧めたい。目次は，章や節のタイトルを並べたものである。目次を読めば，レポートの流れを理解することができる。要約と併せて読めば，本文の理解はさらに進む。
　第3は，レポートを書き終えた後の感想である。これはまったくの私的な感想でいい。レポートに取り組んで，自分が感じたことを自由に書いてみるのだ。先生に見せるのが恥ずかしかったら，提出する前に削ればよい。自分の控えのレポートだけに残しておくのだ。そこに書かれているのは，レポートに取り組んだ自分の姿である。提出したレポートが何本か溜まったら，感想の部分だけを通して読んでみてもいい。そういうところから，自分の成長の歩みが意外と見えてくるものだ。
　章・節・項のタイトルは，それぞれの中身がわかるように気をつけよう。形式的なタイトルを付けてもダメである。章や節，項のタイトルを見ただけで，その内容がわかるようなものにするのだ。そうすれば，目次を見ただけで，レポートの内容を把握することができる。

レポート課題では,「〇ページでまとめなさい」とページ数が決められる場合がある。そのとき,たまに見られるのが,最終ページに1行しか書かれていないものである。確かにページ数は指定どおりになっている。たった1行しかないページも含めてだ。そのようなレポートでは,課題を達成したことにはならない。出された課題に応えるためには,どうすればいいのか。それは,書き始める前に,全体の構成を考えておくことである。全体で何章になるのか。それをしっかりと決めておく。3章であれば,全体の3分の1ずつ書けば,課題のページ数をクリアできる。こんなふうに考えて書き始めれば,バランスの取れた構造となる。1章で70%を占めて,残りの30%を2章と3章で書く。そのようなアンバランスな配分にならずに済むのだ。

　何ごとも最初のプラニングが大事である。それに即してレポートを書いていく。そうした経験を積み重ねていくことで,計画性や実行力が身についていく。レポートを書くことの意味は,こうした点にあるといえるのだ。

アウトライン機能を利用する

　手書きで原稿を書いていた時代には,原稿用紙が必需品だった。就職してからは,反故紙の裏に原稿用紙を印刷して,それをよく使ったものだ。1行書いては,クシャクシャと丸めて捨てる。そんなことも少なくなかった。今から思えば,文章の書き方を知らなかったとつくづく思う。書き出しに詰まるのは,全体の構造が自分でもつかめていなかったからだ。一部の小説家のようにアイディアが天から降ってくることはない。最初から最後まで,筋を見通せなけれ

ば，一歩も進まないのだ。論理にもとづかなければ，文章は書けない。それが学問の世界というものなのである。

　いつの頃からか，原稿を書く前にメモをつくるようになった。いきなり書き始めるよりは，かなりの進歩である。それを意識的に実行した最初の本は，『心理学論文の書き方』（有斐閣）である。同書は，全体で10章から構成されている。「研究のアイディアを考える」ところから，「論文に仕上げる」まで。そのすべての章で書きたいと思う内容を，あらかじめ手書きでメモした。それを使って原稿を執筆したのである。そのメモの一部は，同書214頁に示してある（図10-1　本書を書き始める前の手紙メモの例）。そうやって一冊の本を仕上げた経験は，自分にとって大きな財産となった。

　今でも原稿を書く前には，手書きのメモを最初につくる。思いついたことを何でも書いていくのだ。原稿のアイディアを醸成する段階である。それがある程度の分量になったら，そこで初めてワープロを使い始める。今度はワープロ・ソフトのアウトライン機能の出番である。アウトライン機能を使えば，いくつかの異なるレベルの見出しを設定できる。見出しと本文を一緒にして，別の場所に移せる。これがアウトライン機能の優れたところだ。カット＆ペーストしなくても，見出しもろとも文章の移動が楽々できるのだ。

　本書の場合，部は第1レベル，章は第2レベル，節は第3レベルだ。こんなふうに，三つのレベルを設定した。一つの部は，3章ずつから成っている。全体で9章。各章には，六つの節が含まれている。全体で，3部9章54節という構造である。部には，「調べる」「考える」「書いて伝える」という三つのキーワードを立てた。

　どのような内容を盛り込むかは，アウトライン機能を駆使した。最初に，手書きメモをもとに，単語やフレーズを書き加えていく。

章や節に書く内容をどんどん書いていくのだ。それがある程度溜まっていったら，他の章や節との関連性を見てみる。全体を眺めて，筋が通っていないところがないかチェックするのだ。別の章が相応しいと考えたものは，すぐにそちらに移動する。そうしたことを何度か繰り返す。書きたいと思う内容が章や節で固まったら，書く準備が整ったということだ。

　このように，私がアウトライン機能を使うのは，おもにプロットをつくるときだ。画面上で表示する見出しのレベルは，自由に決められる。章（第2レベルの見出し）だけ表示してみる。そうすると，章の流れをチェックすることができる。筋がうまく通っていないと思えば，順番を入れ替えたりする。アウトライン機能を使えば，こうしたことも楽にできる。次に，節（第3レベル）の見出しも表示してみる。そうすると，全体の流れをチェックできる。節の中での順序を入れ替えたりするのも，実に簡単である。

　アウトライン機能は，一種のアイディアプロセッサーである。異なるレベルの見出しを表示して，全体の論理の流れを見定める。そのような使い方を是非やってほしいものだ。

CHECK POINT ☑

☐1 便利なワープロだが，できばえがきれいなだけに，完璧だと錯覚してしまう。一つひとつの文章の意味が通っているか，文法的な誤りはないか，段落の区切りは適切か，章や節の構成は筋が通っているかをチェックしないといけない。

☐2 図表や写真を用いると，文章の流れにリズムが加わり，伝わりやすいものになる。

☐3 図表や写真を載せたら，どこに着目すればいいのか，何を読み取ればいいのか説明を添え，タイトルも忘れずに書いておこう。番号を付けておくと，文中での言及が容易になる。

☐4 写真には，①史料それ自体を示す写真，②現地の状況を示す写真，③研究の場面を示す写真がある。ネット上などにある写真の無断借用にも気をつけたい。

☐5 レポートの内容とともに体裁も大事である。読みやすく，見やすいレポートとなるよう，①見出しのフォントや，②行数や行間を整えよう。

☐6 レポートの基本構成要素としては，①提出者氏名，②提出年月日，③授業名，④レポートタイトル，⑤本文であるが，これに，⑥要約，⑦目次，⑧レポートを書き終えた後の感想を加えるのもよいだろう。

終章 書くことの楽しさを身につける

自分でテーマを見つけて書いてみよう

「好きこそものの上手なれ」と言われる。好きなことには熱中できる。いつまでもずっとやり続けられる。時間を忘れてしまうほどだ。それだけに上達も早い。これは，心理学の内発的動機づけという働きだ。興味や関心にもとづいて学習すれば，得るものも大きいのである。

レポートでも，同じようなことが言える。自分の興味や関心を大事にして取り組むといいのである。「自分が好きだ」と思えることは，飽きずにやれるからだ。日頃から自分が感じたり，考えたりしていることとの接点を探ってみる。まずは，こういうことを試みてはどうだろうか。いろいろと考えてみれば，何か面白さを見つけられるはずだ。どんな小さなことでもいい。自分の興味や関心とのつながりを見つけてみよう。そこを切り口にして，レポートの作成準備を始めていくのだ。レポートが出来上がるまでには，ある程度の時間が必要になる。どうせなら，楽しみながらやりたいものだ。そうすれば，きっと多くのことを学ぶことができる。

そのようなレポートは，自我関与が高い。自分とのかかわりが，

それだけ強いということだ。完成するまで，ずっと関心をもち続けることができる。途中ですぐに投げ出したりしない。思い入れも深いレポートになるのである。レポートの開始から終了まで，途切れることなく作業を続ける。それは決して容易いことではない。その原動力となるのが，興味や関心なのである。

こうやって，授業で出されたレポート課題に全力で取り組んでいく。それはとても大事なことだ。一つ，また一つと，出されたレポートを完成させていく。それは自信につながっていくに違いない。

授業のレポートは，先生から課されたものだ。それに対して，積極的に取り組む。そこから得るものは少なくない。それでも，レポート課題は，あくまでも与えられたものである。これ以外に，授業とは関係のないレポートを書いてみる。自分でテーマを見つけて自由に書く。できれば，こんな主体的なレポート作成に取り組んでみたいものだ。その経験は，あなたにとってチャレンジとなるに違いない。

授業のレポート課題には，単位という外的報酬がある。それも重要な要素である。単位を重ねることで，大学を卒業できるからだ。自分で自由に書くレポートには，単位は付いていない。完成したとしても，0単位だ。そう考えたら，いつでも止められる。いつ止めても構わないのだ。それでも最後までやり遂げる。そのことが重要である。やり遂げるには相当大きなエネルギーがいる。意欲をもち続けなければ，完成まで行き着かない。それでも頑張って，レポートを完成させる。それは何にも増して貴重な経験となる。あなたの血となり，肉となるのだ。

そのようなレポートには，あなたの伝えたい思いが溢れている。そのレポートには，あなたの主張が込められているのだ。他の人に

も，読んでもらいたい。そんな気持ちになるはずだ。そのときには，誰かにそのレポートを読んでもらったらいい。読み手にも，あなたの思いはビンビン伝わってくるだろう。そんな自主的なレポートも，学生時代に一度は書いてもらいたいものだ。

書き終えるまでのスケジュールを立ててみる

　レポートの完成までには，「調べる」「考える」「書いて伝える」の3段階がある。それぞれは独立しているが，相互に関連もしている。調べながら考えたり，考えながら書いたりする。書きながら調べたり，人に伝えて一緒に考えたりする。こんなふうに絡み合いながら，三つの段階が徐々に進んでいく。

　各段階に，どれぐらいの時間をかけたらいいのか。それは重要な問題だ。この問いに正答はない。まとまった時間が必要であることだけは確かだ。何となく始めると，ダラダラした感じになる。気分もピシッとしない。それを避けるにはどうしたらいいか。それには，大まかなタイムスケジュールを決めておくといい。提出締切はすでに確定している。次に決めるのは，いつからレポートの作成準備を始めるかだ。開始日は自分で決められる。そのとき役立つのは，スケジュール帳を眺めてみることだ。「この1日は何も予定が入っていない」「この日の午前中は空き時間だ」。そうした時間帯を確保して，レポート作成作業に充てるのだ。「レポート作成作業」とスケジュール帳に書けば，気分も引き締まる。少し捗った気分になったりするのが不思議だ。

　複数のレポートが同時並行的に走る。そういうことも少なくない。優先順位を決めたり，軽重を判断したり，そんなことも必要だ。い

ろいろ条件を考慮して,スケジュールを決めていく。レポートの数が増えれば,それだけスケジュールは複雑になる。それも予定として組み込むのだ。

このようなスケジュールを立てないと,どうなるか。結果は明白だ。いつまでもやり始めない。他事にかまけて,放っておく。そんなふうになりがちなのだ。提出期日がどんどん迫ってくる。やり始めないと,間に合わない。そんな限界点に達したとき,やおら書き始める。十分な準備もなく,時間も足りない。徹夜してでも,とにかく書いて提出する。これでいいレポートが書けるはずがない。

こんなふうに,締切間際になって慌ててやる。そんなやっつけ仕事はダメである。こういうことを繰り返していても,何も身につかない。それを肝に銘じておくことだ。レポート提出までのスケジュールを立てるのは,大事なことだ。それがレポート作成の指針となる。

もう一つ,肝心なことがある。それは,そのスケジュールを実行することだ。予定を立てても,やらなければ何の意味もない。ただの「プラン」にしか過ぎない。ここは有言実行あるのみなのだ。スケジュールは自分に対する約束だ。「やるぞ」と宣言

したら，やらないといけない。完成までの道のりを一歩ずつ進んで行くのである。

　そうは思っていても，とかく物事は予定どおりに進まない。往々にしてあることだ。そんなときには柔軟に考えよう。スケジュールを変更すればいいのだ。予定どおりに進まなかったのは，いろいろな原因があるはずだ。当初から無理があったからかもしれない。突発的な用事が入って，時間がなくなってしまったからかもしれない。資料がうまく探せず，時間を浪費してしまったからかもしれない。こんなふうに，さまざまな原因が考えられる。他にもいろいろあるだろう。予定が消化できていないのは事実だ。その事実を冷静に受けとめて，スケジュールを新たにつくる。そのスケジュールを守る。それでいいのである。

　スケジュールを立てることは，次のようなプロセスを意味している。「計画し，それを実行する。その結果を検証し，新たな計画を立案する」。レポートを書いている間，このようなプロセスが動いているのだ。もちろん，完成物としてのレポートは意味あるものである。それに加えて，それを作り出すプロセスも重要な意味をもっているのだ。あなたの知的能力や遂行能力を鍛えていく。それがレポートのもっている大切な働きなのである。

書いたレポートをブラッシュアップさせよう

　物事には，始まりと終わりがある。学校を思い浮かべてみよう。どの学校も，入学式で始まり，卒業式で終わる。始まりと終わりで区切られているのだ。ここでちょっと目を転じてみよう。違うことが見えてくる。小学校を卒業した子どもは，中学校の入学式を迎え

ることになる。小学校を終えることで，中学校生活が始まるのだ。実に，「終わりは始まり」なのである。始まりと終わり，終わりと始まりは切っても切れない。いつまでも永遠に続いていくのだ。

　レポートでも同じことが言える。レポートを提出する。とてもホッとする瞬間だ。うれしくて仕方がない。「何もかも忘れて，遊びに行こう」。そんな気持ちになったりもする。学生時代の私にも，そんな経験がある。

　レポートの提出は，一つの区切りである。課題の提出は無事に済んだ。レポートの終わりである。それは，次の始まりを意味する。課題としてのレポートは終わった。確かに終わったのだが，パソコンにレポートのファイルは保存されている。それが新たな始まりを意味するのだ。

　まずは，そのレポートのファイルを画面上に呼び出してみよう。スクロールしながら，1行目から最後まで目を通してみる。自分が書いた文章と，もう一度対話することになる。そのとき，どんなふうに思ったか，メモしてみるのもいい。レポートの最後のページに書いてみる。それも後になって役に立つだろう。

　時間を空けて，こういうことを繰り返してみる。その度ごとに，新たな気づきがあるはずだ。それをその都度メモしておく。貴重な資料になるはずだ。自分の書いた文章を冷静に眺めてみる。読んでみる。これにはメタ認知を働かせないといけない。時間が経てば経つほど，レポートの文章を「客観的」に見られるようになる。そのなかで，書いていたときは気づかなかった点が浮かび上がってくる。そういうものなのだ。

　ときには，加筆修正したくなったり，書き直したくなったりする。そんな気持ちになったら，作業に取り組んでみよう。文章は手を入

れるほど，刈り込まれていく。植木を剪定するように，きれいな形に整えられていくのだ。ワープロ・ソフトの「校閲機能」を使えば，変更履歴を残しておくこともできる。これも便利な機能だ。

「加筆修正版1」「改訂版1」。作業の後は，こんな新しい名前の別ファイルに保存しておく。そうすれば，原本のレポートとの比較照合も可能である。どれぐらい水準の高いものになったのか。自分でもわかったら，楽しいと思う。

他の人にレポートを読んでもらうのもいい。どんな文章でも，完璧なものはない。どこかに，一つや二つ何か穴があるものだ。あなたのレポートにも同じことが言える。他人から批判されたり，反論されたりするのは嬉しいことではない。だが，それを恐れていては，向上は望めない。積極的に意見を求めていく。そういう姿勢が望まれるのだ。「叩けよ，さらば開かれん」である。他人の助言を積極的に求めれば，それに応えてくれるはずだ。そこから多くのことを学ぶ。それも重要なことである。

ピア・リーディングは，書く技量を高めるのに有効である。レポートに完成はない。終わったとしても，また始まるのだ。何度も修正し，加筆する。ときには大部分を書き換える。そうしたことを続けることも，学問の道なのである。

レポートを書く頭をつくろう

人間には得手不得手がある。レポート完成までの3段階に，得意分野と不得意分野がある。それは当然のことである。個人差があって当たり前だ。「調べる」「考える」「書いて伝える」。どの段階も，自分の頭をフル回転させないといけない。高度に知的な活動なので

ある。そう容易く事が運ぶわけではない。ある程度の努力が必要となる。不得意分野であれば、なおさらのことである。

不得意だと思っても、苦手意識をもたない。それが肝心だ。苦手意識をもつと、避けてしまいがちだ。いつまでもやらないと、上達しない。それどころか、苦手意識がどんどん強くなる。腰が引けて、しょうがなくなる。

何事も積み重ねが大切である。不得意分野でも、少しずつやってみることだ。最初は、時間がかかったり、わけがわからなかったりする。それでもやるのだ。「英語は苦手。英語の論文は読みたくない」。こんなことを言う学生は少なくない。こういうやり方はどうだろうか。まずは1日に1文を訳していく。一つの英文だから、それほど時間はかからない。それを毎日続けていくのだ。1カ月で30文になる。それを1年、2年と続けていく。そのうち、1日1文が2文に、2文が3文に、となっていくことだろう。こうやって英語を読む習慣をつくっていくのだ。自分で始めなければ、何事も始まらないのである。

ボルノウというドイツの教育哲学者は、『練習の精神』という本を書いている。そのなかの一節を紹介しよう。

> 人間は絶えず繰り返される練習によってのみその存在において自らを維持できる存在なのであって、その能力を所有していると自称して練習を止めたときには枯渇してしまう存在なのである。
>
> 人間は練習の対象に忘我的に没頭することによって、自己の内的自由への道を獲得する。

ボルノウは、練習が人間の内的自由をつくり上げると述べた。

「練習はつまらないもの。単調なもの。やりたくないもの」。こんなふうに思っている人は少なくない。日本びいきで，何度も来日し，日本の古武道に深い関心を寄せたボルノウ。彼は，単調な練習に大きな意味を見出したのである。1日1文の英語を読むのも練習だ。練習を重ねると，少しずつわかってくることがある。進歩が感じられないこともある。それでも続けていく。それが何よりも大事なことなのである。

　大学での学びは，面白いこともあるだろう。小難しくて，わけがわからないものあるかもしれない。「日本語なのに，外国語のようにまったく意味がわからない」。ゼミで，上級生たちの発表を聞いた学生の素直な感想だ。それでも，果敢に挑戦していく。わからなくても，かじりついていく。そうした練習を繰り返していくことで，見えてくる世界があるのだ。そこに学問の神髄がある。

　スポーツ競技を考えてみよう。練習せずに試合に出る。それで力が発揮できるわけがない。試合で結果を出すには，練習が求められる。学問の世界でも，練習は必要である。専門用語を覚える。主要な理論を学ぶ。論文執筆の作法を知る。その他，いろいろな練習がある。学問分野によっても，練習の仕方は違っている。このような日頃の練習が基礎にあって，初めてレポートが書けるのである。

　練習に終わりはない。試合が終われば，また新たな練習が始まる。次の試合に向けての練習だ。それはレポートにも通じる。まさに，「終わりは始まり」なのである。

文　献

O. F. ボルノウ（2009）.『練習の精神――教授法上の基本的経験への再考』（岡本英明監訳）北樹出版

CHECK POINT ☑

- □1 自分の興味や関心を大事にして取り組もう。自分の興味や関心とのつながりを見つけてみよう。
- □2 レポートの完成までには、「調べる」「考える」「書いて伝える」の3段階がある。それぞれは独立しているが、相互に関連もしており、入れ替わることもある。
- □3 各段階に、どれぐらいの時間をかけたらいいのか。大まかなタイムスケジュールを計画しよう。そしてそれを実行し、その結果を検証し、新たな計画を立案しよう。
- □4 自分以外の人の目を通すピア・リーディングは、書く技量を高めるのに有効である。他人から批判されたり、反論されたりするのを恐れず、積極的に意見を求めよう。
- □5 レポートの提出は、一つの区切りである。提出した後に読み返して、自分が書いた文章と、もう一度対話してみる。加筆修正点はメモや印をつけておこう。
- □6 不得意だと思っても、苦手意識をもたない。何事も上達には積み重ねが大切であり、日頃の練習がレポートの基礎となる。いろいろな練習があり、学問分野によっても練習の仕方は違っている。

あとがき

　本書は，私が書いた10冊目の単著になる。文学部に勤務しなかったら，こんなふうに本を書くことはなかっただろう。今は，そう強く感じている。

　こうして本を書いてきたのは，自分の考えを誰かに伝えたいという思いからである。誰かが，自分が書いたものを読んでくれる。それほど嬉しいことはない。

　今の時代，自分を表現する媒体は多様に存在している。ブログやFacebook，ツイッター。誰もが気軽に書けるようになっている。それを読み，「いいね」と返したり，コメントを付けたりする。今の若者は，そうしたことに慣れ親しんでいる。

　それらと比較して，レポートを書くのは大変である。それなりの準備が必要だからだ。手間も時間もかかる。学生生活でやりたいこともある。単位も必要だ。どれを先にして，何を後にするか。そんなふうに考えたとき，ついついレポートが後回しになる。そういう学生もいるかもしれない。そんな学生でも，書き方のコツがわかれば，容易に取り組めるようになる。レポートが楽しくなるにちがいない。そんなふうに思っている。

　本書で書いたことは，これまでの大学教員としての経験にもとづいている。本文にも紹介したように，都筑ゼミの3年生はレビュー論文を書くことになっている。それをサポートするために，毎週「レビュー論文への道」という文章を渡している。それを順番に読んでいけば，学年末には，レビュー論文が完成するという次第だ。本書には，その「レビュー論文への道」の内容も含まれている。

このようにして本書が刊行に至るまでには，有斐閣書籍編集第二部の中村さやかさんに大変お世話になった。中村さんには，『心理学論文の書き方――おいしい論文のレシピ』でも，いろいろと助けていただいた。その「レシピ本」が刊行されてから10年になる。幸い，順調に版を重ねて，多くの学生に読んでもらっているようだ。「論文の書き方」本としては，独自色を出せたと思っている。本書も，その路線を踏襲しつつ執筆したものである。

　本書では，実際にレポートを書く前段階に力点を置いている。私自身，本を書くようになってから，構成の大切さを実感するようになった。内容の論理的なつながりを自分で明確に意識できれば，後は書くだけなのだ。時間さえ確保できれば，書くのは容易になる。それとは逆に，いきなり書き始めてしまう。それは愚の骨頂である。書く前に，下準備をしっかりする。そのことの意義を強調したい。

　本書の執筆に当たっては，自分自身に二つの決めごとを課した。一つは，一文をできるだけ短くすること。1行40字の設定で，一文1行以内に収めるように努めた。もう一つは，接続詞を可能な限り使わないこと。こうした取り決めをしながら，文章を書くのも一つの方法だ。何かの参考になれば幸いである。

　編集作業は最終盤で，中村さやかさんから四竈佑介さんへバトンタッチとなった。二人の有能な編集者から，さまざまなコメントをもらいつつ，本書は完成の運びとなった。ここに記して，心より感謝したい。

　　2016年2月9日

　　　　　　　　　　　　　　　　　　　　　　　　都　筑　　学

■索　引

●あ 行

アイディア　15, 60, 81, 145
アウトプット　51, 52, 60, 72
アウトライン機能　79
厚い記述　111, 112
閾　値　18–20
一義的な解釈　127
一文一義　128, 129
一文の字数制約　128, 129
イラスト　138, 140, 141
因果関係　95
インデックス　48
インプット　50–52, 60–62, 72
インプットなくしてアウトプットなし　49
引　用　123
引用文献　45
ウサギとカモ　13
オムニバスのレポート　76
オリジナリティ　68, 69, 71
終わりは始まり　154, 157

●か 行

概　念　39, 65, 66
科学的知見　32
書く材料　82
学術用語　50
学問的な知識　7
学問の入口　17
学問の神髄　157
課題の意味　4, 6
間接引用　123
感　想　144
起承転結　90, 91
行替え　131
興味関心　14, 15, 20, 24, 149

キーワード　54, 55, 60, 71, 146
空間軸　113, 114
区切り　130
計画性　86
KJ法　60–62, 78
原因と結果　94
語　彙　42
校閲機能　155
講演会　21
構　成　143
誤　植　27
5W1H　124
コピー＆ペースト（コピペ）　134
誤　訳　27
コンセプト　63, 70

●さ 行

参考文献　45
時間軸　113, 114
時間配分　87
思考プロセス　36, 37
事実を客観的に伝える　107
辞　書　42
字数制約　129
自分とのかかわり　149
写　真　84, 138, 140, 141
情報の取捨選択　46
情報不足　99
書　式　141
書誌情報　44
審美眼　33, 34, 36, 48
シンポジウム　22
真　理　26–28
『心理学論文の書き方』　145
推　敲　116, 117
推　論　94
数　値　107

159

スケジュール　87, 151-153
図　表　84, 135, 136, 140
精　読　35
接続詞　99, 100, 131
セレンディピティ　18
先行研究　96-98, 101, 121-123
前後読み　35, 53
全体と部分　92
相　関　95
素材の重要性　83

●た　行

大学での学び　157
大学図書館　45
対　象　70
タイトル　69, 70, 109
単　位　150
短期記憶　23
段落同士の関係　131
段落の区切り　131, 135
知的好奇心　14, 15
直接引用　123
積ん読　36
体　裁　141
ディスカッション　21
手書き　133, 145
テクニカルターム　50
データ　85
テーマ　87, 112
テーマを知らない人　112
問いの意味　3
統計資料　85
独自性　68, 71
読　書　52, 53
読書感想文　4
図書館　43
途中から読み　35

●な　行

内発的動機づけ　149
内　包　39
内　容　71

苦手意識　156
似たような概念　65, 66
人間の認識　26
ネット検索　43, 54

●は　行

俳　句　126
パラパラ読み　35, 53
ピア・リーディング　108, 155
鼻行類　31, 32
批判的思考　38
剽　窃　64, 120-122
不得意分野　156
プロット　77, 79, 80-82, 86, 87, 92
文献情報　54, 55
文章力　135
方　法　70
本の書き手との対話　5
翻訳書　28

●ま　行

まとめ　159
見出し　82, 92
見出しの役割　131
耳学問　20, 22
無断借用　121, 122
迷　信　28
メタ認知　24, 37, 38, 81, 117
メモを取る　22-24
網羅的な態度　115
目　次　143
問題意識　66

●や　行

要　約　67-69, 109, 143
読んだ論文の数　115

●ら　行

乱　読　53
理　解　115
理論体系　65, 67
レイアウト　142

レビュー論文　100-102
レポート
　——の印象　142
　——の核心　63
　——の質　114, 115
　——の筋　77
　——の筋立て　122
　——の全体　117
　——の体裁　142, 143
　——の提出期限　86
　——の深み　113
　——の分量　83, 87
　——の本質　141
　——の読み手　8
　——の論理　93, 94
　——を読み返す　109
練　習　156, 157
論文のセールスポイント　67
論理の飛躍　98, 100

●わ　行

ワープロ　133
ワープロ・ソフト　79
　——のアウトライン機能　146
　——の校閲機能　116

●著者紹介

都筑 学(つづき まなぶ)

中央大学名誉教授

大学 1 年生のための伝わるレポートの書き方
How to write a good report

2016 年 4 月 20 日　初版第 1 刷発行
2022 年 7 月 10 日　初版第 6 刷発行

著　者　　都　筑　　　学
発行者　　江　草　貞　治
発行所　　株式会社　有　斐　閣

郵便番号 101-0051
東京都千代田区神田神保町 2-17
http://www.yuhikaku.co.jp/

印刷・株式会社理想社／製本・牧製本印刷株式会社
Ⓒ 2016, Manabu Tsuzuki. Printed in Japan
落丁・乱丁本はお取替えいたします。
★定価はカバーに表示してあります。

ISBN 978-4-641-17420-7

JCOPY　本書の無断複写(コピー)は、著作権法上での例外を除き、禁じられています。複写される場合は、そのつど事前に(一社)出版者著作権管理機構(電話03-5244-5088, FAX03-5244-5089, e-mail:info@jcopy.or.jp)の許諾を得てください。